AI 기계지식과 창의성

AI문고

인공지능 시대입니다. 기계가 인간의 인지를 대신하고, 사물이 인간을 통하지 않고 다른 사물과 직접 커뮤니케이션합니다. 이에 따른 인간 삶과 문명 변화를 정확히 이해·예측·대응하는 것은 이 시대 우리 모두의 과제입니다. AI문고는 인공지능 기술과 환경의 여러 주제를 10가지 키워드로 정리합니다. 관련 개념과 이론, 학계와 산업계의 쟁점, 우리 일상의 변화를 다룹니다. 인간과 기술의 현재, 미래를 세심히 분석합니다.

일러두기

- 인명, 작품명, 저서명, 개념어 등은 한글과 함께 괄호 안에 해당 국가의 원어를 병기했습니다.
- 외래어 표기는 현행 어문규정의 외래어표기법을 따랐습니다.
- 이 책은 2025년도 정부(산업통상자원부)의 재원으로 한국에너지기술평가원의 지원을 받아 수행된 연구임(RS-2024-00421291, 청정수소및암모니아혁신연구센터).

처음이세요?

전문가세요?

AI 기계지식과 창의성

부경호

대한민국, 서울, 커뮤니케이션북스, 2025

AI 기계지식과 창의성

지은이 부경호
펴낸이 박영률

초판 1쇄 펴낸날 2025년 4월 14일

커뮤니케이션북스(주)
출판 등록 2007년 8월 17일 제313-2007-000166호
02880 서울시 성북구 성북로 5-11
전화(02) 7474 001, 팩스(02) 736 5047
commbooks@commbooks.com
www.commbooks.com

ISBN 979-11-7307-861-3 03500

책값은 뒤표지에 표시되어 있습니다.

차례

기계 창작 시대의 인간

알파고 2국 37수

"알파고는 확률적 계산을 하고, 그냥 이기기 위한 머신에 불과하다고 생각했었는데 그 수를 보는 순간 아니구나! 충분히 알파고도 창의적이다. 아! 정말 아름답고, 바둑의 아름다움을 잘 표현한 수고 굉장히 창의적인 수다."

이는 2016년 이세돌과의 두 번째 대국에서 알파고(AlphaGo)가 둔 37번째 수에 대해 이세돌이 감탄하며 남긴 말이다(Google DeepMind, 2020). 이 한 수로 알파고는 인간계 최고수가 인정할 만큼 '충분히 창의적'임을 입증했다. 당시 알파고가 둔 예상치 못한 수에 해설진은 당황하며 해설을 이어가지 못했다. TV 실황 중계에서 한 해설자는 "이번 대국에서 알파고가 던진 가장 놀라운 수"라고 경악했고, 다른 해설자는 "이건 아마추어가 뒀다면 굉장히 혼날 만한 수다. 굉장히 이상한 수"라고 평가했다. 심지어 현장의 구글 측 해설가 마이클 레드먼드(Michael Redmond)도 마우스를 잘못 클릭한 실수가 아닌지 의심하며 화면을 여러 번 확인할 정도였다. 알파고가 오류를 범했다는 생각은 잠시였다. 이세돌 9단이 12분 이상 고심하는 모습을 보며, 이는 단순한 오류가 아닌 알파고의 놀라운 창의성에서 비롯된 수임을 깨닫게 되는 순간이었다.

당시 대국 해설을 하면서 한 해설가가 무심코 뱉은 한마디는 다음과 같다.

"이렇게 둘 수도 있다는 걸 알려 줬다." 누가 누구에게 알려 줬다는 것인가? 기계가 인간 최고수에게 가르쳐 줬다는 말이다. 알파고와 이세돌의 대국 이후에 바둑계는 많은 변화가 있었다.

인간보다 기계가 창의적이 되면 어떤 변화가 벌어질지는 AI(Artificial Intelligence)가 바둑계에 가져온 변화를 보면 알 수 있다. 이세돌 9단은 2019년 11월, 24년 4개월간의 프로기사 생활을 마감했다. 그는 은퇴의 주요 이유로 AI의 등장을 꼽았다(박민정, 2019). 그는 한 라디오 인터뷰에서 "예전에는 제가 바둑의 1인자라고 치면 '세상에서 최고 바둑을 잘 두는 사람이다' 이런 자부심이 있었는데 인공지능 컴퓨터가 나오면서 아무리 잘 둬도 못 이길 것 같더라. 상식적으로 봐도 이기기가 어렵다"고 말했다. 그는 "제가 여섯 살 때부터 바둑을 시작해서 30년이 넘게 이 길을 왔는데 좀 흔들리더라"라고 밝혔다. 그는 "지금은 프로기사들도 인공지능한테 바둑을 배우지만 한 판도 못 이긴다"며 "인공지능을 따라 두게 된다"고 회의감을 전했다(박민정, 2019). 이세돌이 2019년 11월 사직서를 내고 프로기사 생활을 마감한 것은 AI가 어떤 분야에서 인간보다 창의적이면 그 분야의 일자리가 사라지는 사례를 보여 준다. 이세돌은 은퇴 후 AI 기술을 공부하며 보드게임을 만드는 일을 하고 있다.

바둑 훈련 방법도 변화했다. 프로기사들마저도 AI와 훈련하며 어느 정도 숙련된 후에 서로 경쟁하는 방식으로 바뀌었다. 이세돌은 구글코리아와 인터뷰에서 "기보는 알파고 출시 전후로 완전히 달라졌다. 과거의 기보는 이제 바둑 역사를 학습하는 용도 외에는 특별한 가치가 없어졌다. AI가 더 완벽한 기보를 만들 수 있기 때문에 AI를 보고 배우는 편이 더 편하다"라고 말했다(구글코리아, 2023). 한마디로 AI에게 배우라는 것이다.

타이젬(TYGEM)과 같은 바둑 사이트에서는 '릴라 제로(Leela Zero)', '릴라 마스터(Leela Master)', '엘프 오픈고(Elf OpenGo)', '미니고(MiniGo)' 등 세계 최강 실력의 AI를 활용하여 실시간으로 바둑 대국을 분석하는 서비스를 제공하고 있다(진재호, 2019). AI는 수마다 흑백 상호 간의 승률을 계산하여 우열을 판단하고, 이들 그래프로 시각화해 준다. 바둑 팬들의 눈높이에 맞춰 최적의 수를 제공하고 비둑판의 진세 형세를 평가한다. 바둑의 수에 대한 가치 판단 혹은 평가를 AI에 의존한다는 것이다.

바둑계의 이러한 변화는 한 분야에서 AI 창의성이 인간을 뛰어넘게 되면 어떤 변화가 있을지 미리 보여 준 것이다. 관련 일자리가 소멸하고, 교육과 훈련은 AI에게 맞춤형으로 의존하게 되며, 창의성에 대한 평가도 AI에게 맡겨진다.

왜 AI 창의성에 주목해야 하는가

AI는 예술부터 과학까지 창의성을 새롭게 재해석하며 확장하고 있다. 데이터 분석을 통해 새로운 패턴을 발견하고 독창적 작품을 생성하여 인간의 창작을 지원한다. 이 과정은 창의력의 경계를 넓히며 AI와 인간의 협업으로 새로운 창작의 가능성을 탐색한다. AI 창의성에 대한 연구는 창의력을 바라보는 우리의 방식을 근본적으로 변화시키며 미래의 창작에 대한 새로운 시각을 제공한다.

AI 창의성에 대한 이해는 인간, 사회, 기술의 미래는 물론 인간 본질에 대한 이해에도 핵심 역할을 한다. AI 창의성은 인간의 창의성을 향상시키고 새로운 형태의 예술적 표현으로 이어질 수 있다. 방대한 양의 데이터를 분석하고 패턴을 식별함으로써 AI 알고리즘은 인간에게 명확하지 않거나 보이지 않는 새로운 아이디어와 개념을 생성할 수 있다. 예술가, 음악가, 작가, 디자이너는 AI를 통해 새로운 창의적 영역을 탐구하고 각 분야의 경계를 넓힐 수 있다.

하지만 AI 창의성은 커뮤니케이션, 노동, 불평등 등 사회 전반에 걸쳐 중대한 영향을 미치며, 긍정적 측면과 부정적 측면 모두를 가진다. AI는 그래픽 디자인, 글쓰기처럼 전통적으로 인간의 창의성이 요구되던 지식 노동을 자동화하면서 직업 상실 및 창의적 직업의 변화와 같은 사회적 문제를 야기하고 있다. AI는 정식 훈련을 받지 않은 사람들도 수준 높은 작품을 창작할 수 있게 한다. 진입 장벽을 낮춰 창작의 민주화를 가져오지만 역설적으로 인간 창작물의 가치를 떨어뜨릴 수 있다는 우려를 낳는다. 고품질의 AI 작품이 범람하게 되면 인간 창작물의 가치가 희석되기 때문이다. AI 창의성은 인간의 창의성을 희석시킨다.

AI 창의성은 인간다움의 본질에 대한 근본적인 질문을 제기한다. 창의성은 오랫동안 감정, 경험, 의식과 깊이 연결된 인간만의 고유한 영역으로 여겨져 왔다. 그러나 예술, 음악, 문학을 창작할 수 있는 AI의 등장은 "창의성이란 무엇인가?", "창의성은 인간만의 고유 영역인가?"와 같은 질문을 다시 생각하게 한다. AI 창의성에 대한 연구는 인간과 기계의 경계를 규정하고 인간 본질에 대한 이해를 심화하는 데 기여할 수 있다.

창의성은 혁신, 가치 창출, 문명의 발전을 이끌어 온 원동력이다. 인류 역사는 지식과 예술이라는 창의적 산물이 축적되면서 발전해 왔다. 예를 들어 기원전 2500년경 메소포타미아에서 두 개의 원형 구조를 나무판자에 연결해 만들어진 수레, 아인슈타인의 1905년 특수 상대성 이론, 그리고 피카소가 1907년에 그린 〈아비뇽의 처녀들〉처럼 기존 미술 기법을 완전히 뒤엎고 새로운 표현 방식을 제시한 입체파 회화는 인류가 보편적으로 활용하고 축적해 온 창의적 산물의 대표 사례들이다.

이제 AI가 본격적으로 창의성의 영역에 진입하면서 인간 사회는 새로운 전환점을 맞이하고 있다. AI 창의성을 이해하는 것은 인간 문화, 행동, 그리고 인간과 기계가 공진화해 온 관계에 대한 깊은 통찰을 제공할 것이다. 이세돌은 다음과 같이 말했다. "인간이 두려움을 느끼든 느끼지 않든 기술은 계속해서 발전해 나갈 것이다"(이신영, 2024).

이 책의 구성

AI 창의성을 다각도로 이해하는 데 중점을 두었다. 전통적인 인간 창의성과의 차이점과 그 틀 안에서 완전히 설명할 수 없는 부분에 중점을 두었다. 관련된 최신 혹은 고전 논문을 참고해 내용을 풀어냄으로써 독자들이 쉽게 이해할 수 있도록 했다.

창의성의 진화(1장)에서는 인간 창의성의 기원을 간략히 설명하고 동물의 창의성과 비교했다. 그 후 등장한 AI 창의성을 인간 창의성과 대조하여 설명하였다. AI의 암묵적 기계지식(2장)에서는 AI가 생성한 콘텐츠를 지식의 관점에서 분석했다. AI 훈련은 종종 언어나 다른 구조화된 형태로 표현할 수 있는 명시적 지식(explicit knowledge)으로 구성된 학습 데이터를 기반으로 이루어진다. AI 시스템은 심층 학습 기술을 통해 명시적 지식으로부터 암묵적 지식(tacit knowledge)을 습득하는 능력을 보여 주고 있다. 암묵적 지식은 직관적 이해와 표현하기 어려운 통찰로 특징지어지는데 전통적으로 AI는 명시적 지식(구조화되고 코드화되어 쉽게 전달 가능한 지식) 영역에서 작동했다. 하지만 현대 AI는 점차 복잡하고 역동적인 맥락에서 패턴을 식별하고 예측하며 창의적인 해결책을 생성하는 능력을 갖추고 있다. GPT

(Generative Pre-trained Trans-former)나 알파고(Alpha Go)와 같은 고급 머신러닝(Machine Learning, 기계 학습) 모델은 자연어 서사를 생성하거나 인간 프로그래밍 범위를 넘어선 수준에서 바둑을 두는 등 직관적 전문성을 연상시키는 행동을 보인다. AI는 인간적 의미에서 실제로 지식을 "소유"하지 않지만, 이러한 이해를 모방하고 이를 실용적인 형태로 구현하는 능력을 보여 준다. 이러한 AI 지식의 발전은 DIKW(데이터, 정보, 지식, 지혜의 영어 머리글자로 구성된 이름) 프레임워크와 일치하며, 이는 데이터(처리되지 않은 사실)에서 정보(맥락화된 데이터), 지식(실행 가능한 이해), 궁극적으로 지혜(통찰력 있는 판단과 적용)로의 지식 발전 과정을 거치고 있다(Rowley, 2007). AI의 프레임워크 내 발전은 지식 합성 및 창의적인 문제 해결에서 AI의 확장된 역할을 보여 준다. AI가 창출한 기계지식의 특성을 살펴봄으로써 AI 창의성의 결과물이 인간의 창의적 산물과 어떻게 다른지를 이해할 수 있다. 기계지식의 초월성(3장)에서는 AI가 인간의 능력을 초월하는 지식을 창출하는 것을 설명했다. AI는 학습량, 암묵적 지식의 깊이, 다중 데이터 처리 능력, 그리고 생물학적 제약을 초월하는 특성을 통해 인간의 지식을 넘어서는 초월적인 '하이퍼지식

(hyper-knowledge)'을 생성한다.

AI 창의성에 대한 평가(4장)에서는 AI 창의성이 인간 창의성과 근본적으로 다른 방식으로 발현되기 때문에 이 차이를 이해하고 평가하기 위해서는 인간 중심적 관점을 넘어 보다 보편적이고 우주적인 시각, 그리고 에너지 효율성과 같은 새로운 기준을 고려해야 함을 설명했다. AI의 상상법(5장)에서는 AI가 어떻게 상상하는가를 톺아보고 그러한 상상법이 왜 뛰어난 창의성으로 이어지는지를 창의성의 핵심인 '연결 능력'의 관점에서 설명했다. 에너지와 창의성(6장)에서는 창의성의 발현과 에너지 활용을 알아봤다. 인간은 진화 역사에서 두뇌의 에너지 제약으로 인해 창의성 발현이 제한되지만 AI는 이러한 제약 없이 방대한 에너지를 활용하여 창의적 능력을 발휘할 수 있다. 이로 인해 AI의 성능이 급격히 향상되고 있으며, 이는 데이터 센터와 전력 수요의 폭증으로 이어지고 있다.

창작의 도천지세와 창의성의 희석화(7장)에서는 인간이 아닌 AI가 생성한 창작물에 대한 재산권으로 인정할 수 없는 현행법의 한계를 바라보고, 재산권으로 보호받지 못하는 AI 창작물의 급증으로 인한 인간 창의성의 희석화와 같은 사회적, 경제적, 문화적 문제를 논의했다.

누구의 창작인가(8장)에서는 AI와 인간의 공동 창작물에서 기존 저작권법과 특허법에서 정의하는 창작자 기준을 AI에 적용하기 어려워진 현상을 다뤘다. 특히 생성형 AI 기술의 발전으로 인간의 창작 기여도가 감소하고 AI가 실질적인 창작 과정을 주도하는 경우가 늘어나면서 기존 법적 프레임워크로는 AI 생성물의 저작권과 특허권 문제를 해결하기 어려운 상황이 되고 있음을 구체적으로 관찰했다. AI 시대 창의성의 법적 판단(9장)에서 저작권법과 특허법에서 권리를 인정받기 위한 창의성의 법적 판단 기준을 설명하고 이러한 판단 체계가 새로운 도전에 직면했음을 설명했다. 저작권법에서 AI 생성물의 '독자적 작성'과 '창조적 개성' 판단이 모호해지고 있으며, 특허법에서 특허의 신규성과 진보성을 평가하는 '통상의 기술자' 개념이 AI의 능력을 고려하여 재정의될 필요성이 제기되고 있다. 이러한 변화는 인간 창의성의 가치가 희석되는 현상으로 요약된다.

AI 창의성의 그림자(10장)에서는 AI 창의성이 인간을 능가하면서 발생하는 문제점을 탐구했다. 지식노동자의 일자리 소멸, 인간 창의성의 퇴보, 예술의 인간성 상실 등 다양한 문제가 발생할 수 있다. 특히 인간의 평가 없이 AI 생성물이 범람하면 창의성의 선순환 구조가 붕괴

되는 시나리오를 예측하였다.

AI의 대부로 불리는 2024년 노벨 물리학상 수상자 제프리 힌턴(Geoffrey Hinton) 교수는 "인류는 우리 자신보다 더 똑똑한 것을 상대해 본 적이 없다"며 "더 지능적인 것이 덜 똑똑한 것에 의해 통제되는 사례가 얼마나 있겠냐"고 반문했다. 이어 "그런 사례는 거의 없다"며 "진화의 힘으로 아기가 엄마를 통제하는 것이 내가 아는 유일한 예"라고 했다. 그는 또 매우 강력한 AI 시스템에 비하면 인간은 유아에 불과하다며 "우리는 세 살짜리 아이처럼 될 것"이라고도 전망했다(이신영, 2024).

기계 창의성을 인간 중심적으로 바라보는 것은 본질을 놓치는 오류다. 이제 기계 창의성에 대한 이해는 인간 중심 학문인 인문학의 중요한 과제가 되었다. 인류가 세 살짜리 아이처럼 되지 않기 위해서는 'AI 창의성'의 본질을 이해하고, 이를 통해 인간만이 지닌 고유한 가치를 재발견해야 한다.

참고문헌

구글코리아(2024.3.19). AI 시대 서막을 알렸던 이세돌 vs 알파고, 그 후 이야기,
https://blog.google/intl/ko-kr/company-news/technology/ai-conversation-with-lee-sae-dol-kr/

박민정(2019.11.27). 이세돌 "AI 등장이 은퇴 이유… 30년 넘게 걸어온 길 흔들리더라". ≪한국일보≫, https://www.hankookilbo.com/News/Read/201911271141024223
이신영(2024.12.28). "30년 안에 인류 결판날 수도"…'AI 대부' 제프리 힌턴의 경고. 연합뉴스, https://www.yna.co.kr/view/AKR20241228036800009
진재호(2019.5.28). 최강 바둑A.I 분석 동시에 본다!. 바둑일보, http://www.badukilbo.com/m/view.php?idx=1299
Google DeepMind(2020.03.13.). AlphaGo, https://www.youtube.com/watch?v=WXuK6gekU1Y&t=3133s
Rowley, J.(2007). The wisdom hierarchy: Representations of the DIKW hierarchy. *Journal of Information Science*, *33*(2), 163~180.

01
창의성의 진화

창의성은 인간 고유의 능력으로 여겨졌지만 동물과 AI의 사례는 이 개념에 의문을 제기한다. 특히 AI는 예술, 음악, 글쓰기 등 다양한 분야에서 인간을 뛰어넘는 창작 결과물을 만들어 내고 있다. 까마귀, 침팬지, 돌고래 등 동물들은 도구 사용과 간단한 문제 해결에서 창의성을 보이지만 AI는 딥러닝을 기반으로 인간 사회에 직접적인 영향을 미칠 혁신적이며 파급 효과가 큰 해결책을 제시한다. AI의 급속한 발전은 인간 창의성의 한계를 넘어서는 새로운 가능성을 열고 있다.

AI와 1인 창업?

천상에서 지상으로

창의성은 상상력을 발휘하여 새롭고 가치 있는 아이디어나 작품을 만들어 내는 능력이다(WIKIPEDIA). 창의성은 예술, 음악, 문학을 통해 인간의 삶을 풍요롭게 하며, 혁신의 원천으로 새로운 산업 기회를 육성하여 경제 가치를 창출한다.

영어에서 창의성(creativity)의 어원은 '창조하다'를 의미하는 라틴어 'creare'에서 파생되었는데, 여기서 '창조'는 창조자인 신의 영역이었다. 그러다 서양에서 계몽주의 시대가 되자 창의성은 인간의 상상력과 결합하여 인간의 영역으로 내려왔다(WIKIPEDIA).

우리나라 말에서도 창의성(創意性)은 최근에 만들어진 단어다. 1938년에 발간되고 2024년에 복간된 『조선어사전』을 보면 창작(創作), 창조(創造), 창설(創設), 혁신(革新), 발명(發明) 등 새로운 것을 만들어 낸다는 뜻을 지닌 단어들은 여럿 보이나 '창의(創意)'라는 단어는 발견되지 않는다(문세영, 2024). 1948년 대한민국 헌법 제5조에 창의(創意)라는 단어가 등장하는 것으로 보아 1938년과 1948년 사이에 창의성 개념이 사용되기 시작한 것으로 보인다.

유발 하라리(Yuval Harari)는 7만 년 전에 일어난 인지 혁명에서 창작하는 언어가 등장하였으며, 많은 동물이 의사소통할 수 있지만 오직 인간만이 개인의 경험을 초월하여 집단적 공유를 가능케 하는 허구와 신화를 창조할 수 있다고 강조했다(Harari, 2011). 그는 이러한 집단적 상상력이 대규모 협력의 기초가 되어 복잡한 사회를 형성할 수 있게 했으며 이러한 창의적 능력으로 호모 사피엔스(Homo sapiens)는 지구 전체를 지배하는 종이 되었다고 설명했다. '21세기 다윈'으로 불리며 사회생물학 분야를 개척한 에드워드 윌슨(Edward Wilson)은 더 나아가 창의성을 인간 종을 정의하는 독특한 형질로 규정했다(Wilson, 2017). 그는 창의성의 원동력은 새로운 것을 좋아하는 인간의 본능이라고 했으며 유전자-문화 공진화를 통해 유전적으로 새겨진 '자연선택의 산물'이라고 설명했다. 최근 발표된 연구에 따르면, 창의성 발현에 중요한 267개의 유전자가 현생 인류에서만 발견되었으며, 이는 네안데르탈인과 침팬지에게는 존재하지 않는 것으로 확인됐다(Zwir, 2022).

동물의 창의성

창의성은 인간 고유의 능력으로 이해되었지만 동물과 AI가 보여 주는 사례들은 이러한 관점에 의문을 제기한다. 까마귀, 침팬지, 돌고래 등 다양한 동물들이 도구 사용, 문제 해결, 사회적 상호 작용에서 창의성을 보여 주며 AI는 예술, 음악, 글쓰기 분야에서 놀라운 창작 능력을 선보인다.

까마귀는 먹이를 얻기 위해 도구를 제작하고 사용할 뿐만 아니라 미래를 예측하여 도구를 저장하기도 한다. 뉴칼레도니아 까마귀는 철사를 구부려 갈고리를 만들어 통 속 먹이를 꺼내는 창의적인 문제 해결 능력을 보여 줬다(Weir, 2002). 침팬지는 나뭇가지를 이용해 흰개미를 잡거나 돌을 이용해 견과류를 깨는 등 다양한 도구를 사용하며, 심지어 지역마다 독특한 도구 사용 문화를 형성하기도 한다. 이는 침팬지가 단순히 주어진 환경에 적응하는 것을 넘어 학습과 경험을 통해 새로운 해결책을 만들어 내는 창의적 능력을 지녔음을 시사한다. 돌고래는 복잡한 의사소통 체계와 창의적인 행동으로 유명한 해양 포유류다. 돌고래는 휘파람 등 다양한 발성으로 의사소통하고 놀이를 하며, 새로운 사냥 기술을 발명하고 다른 종과 협력하는 등 사회적 상호 작용에서 창의성을 보여 준다(Connor, 2007).

동물에서 창의성의 발현은 포유류에 국한되지 않는다. 개미는 고도로 조직화된 사회적 구조를 가지고 있으며 집단 내에서 다양한 역할을 수행한다. 이러한 사회적 상호 작용 속에서 개미는 문제 해결, 협력, 의사소통 등에서 집단적 창의성을 보여 준다. 2024년 12월 발표된 한 논문에서 T자 모양의 물체를 좁은 통로를 통해 이동시키는 퍼즐을 이용하여 개미와 인간의 집단 지성을 비교했다. 개미는 개별적인 인지 능력은 부족하지만 집단적인 협력을 통해 창의적인 문제 해결 능력을 보여 줬다(Dreyer, 2024). 개미들은 단순한 행동 규칙을 통해 협력하지만 집단으로 기억을 형성하고 전략을 개발했다. 개미들은 인간처럼 퍼즐의 전체 구조를 이해하지 못하지만 집단적인 움직임을 통해 창의적인 해결책을 찾아냈다.

기계의 창의성

동물들이 보여 주는 창의성은 놀랍고 신기하지만 그들의 영역에 한정된다. 예를 들어 개미가 아무리 창의적인 방식으로 문제를 해결한다 해도 그것은 그들 무리에만 영향을 미칠 뿐, 그들의 생존 방식이나 의사소통 체계가 인간과는 근본적으로 달라서 인간 사회에 직접적으로 비교하거나 적용할 수 없다.

반면에 AI가 보여 주는 창의성은 인간 사회의 근본적

인 구조에까지 영향을 미칠 수 있는 잠재력을 가지고 있어서 인간 사회에 변혁을 가져올 수 있다. AI는 인간의 언어와 사고방식을 학습하고, 이를 기반으로 인간이 필요로 하는 새로운 아이디어를 생성하거나 문제를 해결할 수 있기 때문이다. 더 나아가 AI는 인간의 한계를 뛰어넘어 엄청난 양의 데이터를 처리하고 분석하여 인간이 미처 생각하지 못했던 창의적인 결과물을 만들어 낼 수도 있다.

AI의 창의성은 초기 규칙 기반 시스템에서 시작해 최근 딥러닝 기술의 발전과 함께 예술, 음악, 글쓰기 등 다양한 분야에서 놀라운 성과를 거두고 있다. 그 시작은 1950년대 앨런 튜링(Alan Turing)이 제안한 튜링 테스트(Turing test)로, AI 연구의 기초를 마련한 데에서 비롯된다. 1960년대에는 엘리자(ELIZA)라는 자연어 처리 프로그램이 등장해 인간과 간단한 대화를 시도했지만 초기 AI는 규칙 기반으로 작동해 창의성 발현에는 한계가 있었다. 2015년 이미지넷 경진대회에서 딥러닝 기반의 이미지 인식 프로그램이 인간보다 뛰어난 분류 능력을 보여 주었고, 2016년 알파고와 이세돌의 대국에서는 AI가 인간 최고수를 상대로 승리를 거두며 AI 창의성이 인간의 한계를 넘을 수 있음을 입증한 역사적 사건이 되었다.

그 후 '달리 2(DALL-E 2)'와 같은 이미지 생성 AI는 텍스트 입력을 바탕으로 독창적인 이미지를 생성하고, 음악 작곡 AI는 새로운 멜로디와 화음을 창조하며 인간 작곡가와 협업하기도 했다. 최근에는 챗GPT와 같은 대화형 AI가 등장해 자연스러운 대화를 나누고 시와 소설, 심지어 코드를 생성하는 등 창작 영역에서도 놀라운 잠재력을 발휘하고 있다. 이처럼 AI는 빠르게 발전하며 인간의 창의성을 뛰어넘는 새로운 창조적 표현 방식을 제시하며 그 가능성을 무궁무진하게 확장하고 있다.

참고문헌

문세영(2024). 『조선어사전』. 지식공작소.

Connor, R.(2007). Dolphin social intelligence: complex alliance relationships in bottlenose dolphins and a consideration of selective environments for extreme brain size evolution in mammals. *Philos Trans R Soc Lond B Biol Sci, 362*(1480), 587~602.

Couzin, I., et al.(2023). Collective Cognition in Ants: Discovering the Magic of Teamwork. *Science, 382*(6676), 1241~1245.

Dreyer, T., et al.(2024). Comparing cooperative geometric puzzle solving in ants versus humans. *Proc. Natl. Acad. Sci. U.S.A., 122*(1), e2414274121.

Harari, Y.(2011). *Sapiens: a brief history of humankind.* 조현욱 옮김(2015) 『사피엔스』. 김영사.

Weir, A., et al.(2002). Shaping of Hooks in New Caledonian Crows. *Science*, *297*, 981~981.

WIKIPEDIA. https://en.wikipedia.org/wiki/Creativity

Wilson, E.(2017). The Origins of Creativity. 이한음 옮김(2020). 『창의성의 기원』. 사이언스북스.

Zwir, I., et al.(2022). Evolution of genetic networks for human creativity. *Mol Psychiatry*, *27*, 354~376.

02
암묵적 기계지식

기계지식은 AI가 데이터를 기반으로 암묵적 패턴을 학습하며 복잡한 작업을 수행하고 산출한 새로운 지식이다. 기계는 인간처럼 인식하거나 이해하지는 않지만 암묵적 지식을 획득하고 이를 통해 언어 처리, 자율주행 등 다양한 영역에서 전문가 수준을 뛰어넘는 능력을 발휘한다. 또한 다차원 데이터를 처리하고 생물학적 한계를 초월하며, 인간이 보유한 암묵적 지식과 달리 복제와 전파가 가능해 구텐베르크 인쇄술을 능가하는 새로운 차원의 지식 혁명을 일으키고 있다.

AI와 MBTI?

기계지식

인공지능(Artificial Intelligence, AI)은 지식을 가지고 있는가? 이는 컴퓨터 과학, 인지 과학, 철학의 문제다. 국립국어원 표준국어대사전은 지식(知識)을 "어떤 대상에 대하여 배우거나 실천을 통하여 알게 된 명확한 인식이나 이해"라고 정의하고 있다(국립국어원, 2024). 지식에 대한 사전적 의미를 그대로 적용하면 AI는 지식을 가지고 있지 않다고 보는 게 타당하다. 왜냐하면 인식이나 이해를 위해서는 인식과 이해의 주체가 있어야 하는데 의식이 없는 AI는 인식 주체라 볼 수 없고, 의미를 이해하지 않고 데이터를 처리할 뿐이기 때문이다.

그러나 AI는 인간이 지식을 보유해야 할 수 있는 번역, 의료 진단, 바둑 같은 작업을 할 수 있으며, 인간이 지식을 활용하는 것처럼 다양한 정보를 통합하여 적용할 줄 안다. 만약 지식을 어떠한 작업을 하기 위한 정보의 저장과 적용 방법으로 본다면 AI는 일종의 지식을 가진다고 말할 수 있다. 알파고가 바둑을 둘 줄 알고, 자율주행차의 AI가 운전을 할 줄 아는 것이 그렇다. 그러나 지식에 의식과 이해가 필요하다고 본다면 AI는 인간적인 의미에서 지식을 가지고 있지 않다. 2024년 AI 분야로 노벨 물리학상을 받은 제프리 힌턴은 많은 사람들이 대규모 언어 모델(Large Language Model, LLM)이 현재 단어 다음에 나올 확률이 높은 단어를 선택하는 자동 완성 시스템 즉 확률적 앵무새에 불과하다고 하지만 "LLM은 어떤 텍스트도 저장하지 않으며, 단어 조각들에 대한 특징들을 만들어 내고, 다른 단어 조각들의 특징들과의 수십억 개의 상호 작용을 학습함으로써 모든 텍스트 입력을 모델링 한다"면서 "이러한 모델링 방식이 바로 인간의 뇌와 기계 모두에서 이해(understanding)를 구성한다"고 주장했다(Hinton, 2024).

지식의 본질에 인식 주체가 있어야 하는지에 대한 논쟁은 AI에만 국한되는 문제는 아니다. 거미는 복잡한 거미줄 구조를 만들어 낼 수 있으나 그 지식을 부모로부터 학습을 통해 배운 것도 아니며 그것을 인식하거나 이해하고 있지는 않을 것이다. 이는 본능적 행동일 뿐이라고 치부되어 왔다. 그러나 거미의 거미줄 치는 요령은 거미 내부 어딘가에 저장된 것이 분명하다. 거미가 거미줄을 치는 능력을 지식으로 볼 수 있는지는 지식을 어떻게 정의하고 이해하느냐에 따라 다르다. 예를 들어 신생아가 어머니의 젖을 빠는 행동은 학습된 것이 아니며 인식과 이해를 통해 이루어지는 것도 아니다. 그러나 아기는 어머니의 젖을 빨 줄 안다. 미국 심리학회(American

Psychological Association, APA)는 이를 학습되지 않고 일반적으로 변경할 수 없는 행동으로 본능적 지식(instinctive knowledge)이라고 부른다(APA, 2018).

AI의 암묵지

마이클 폴라니(Michael Polanyi)의 지식 개념 중 암묵지(tacit knowledge) 개념은 인간 지식의 이해와 관리 차원에서 새로운 초석을 마련했다(Polanyi, 1966). 마이클 폴라니의 암묵지는 경험을 통해 이해되지만 말로 표현하거나 형식화하기 어려운 지식을 말한다. 예를 들어 자전거 타는 지식은 균형을 잡고 조작하는 방법을 알지만 그 지식 내용을 정확하게 설명하기는 어렵다. 그는 "우리는 말할 수 있는 것보다 더 많이 안다"라고 말했고, 이 점을 인간의 지식을 논의할 때 시작점으로 삼았다(Polanyi, 1966). 종종 인간의 지식을 암묵지와 명시지(explicit knowledge)의 두 종류로 구분하는데 이는 폴라니가 의도한 암묵지 개념이 아니다(Grant, 2007). 오히려 그는 모든 지식에는 개인적이고 암묵적인 요소들이 있어 지식은 완전히 명시적으로 이루어질 수 없다고 주장했다. 다만 암묵지가 지배적인 경우에 말로 표현하는 것이 어렵거나 불가능하다는 것이다. 폴라니는 모든 인간 지식은 개별적이며 암묵지의 본질적 특성을 강조하고자 했다. 인간의 두뇌에 저장된 형식지는 책과 같은 자료를 통해 저장할 수 있지만 암묵지는 오로지 직접적인 경험을 통해서만 얻을 수 있다.

암묵지의 특징은 다음과 같다. 1) 개인성: 개인의 경험, 통찰력, 직관에 뿌리를 두고 있다. 개인적 경험을 통해 얻는 것으로 개인 내부에 존재한다. 2) 전달의 어려움: 언어나 기호를 통해 쉽게 전달되거나 공유되기 어렵다. 3) 무의식적 발현: 종종 무의식적으로 우리의 행동을 지배한다. 예를 들어 전문가는 기술을 사용할 때 암묵적으로 많은 결정을 내릴 수 있지만 결정을 내린 이유를 명확하게 설명하는 데 어려움을 느낀다. 4) 전문성과 통찰력의 원천: 새로운 아이디어와 혁신적인 해결책을 찾는 데 중요한 지식이다.

암묵지로서 AI 기계지식

'지식'은 전통적인 의미에서 인간에 의해서 인식되고 이해되는 것으로 딥러닝 모델은 단지 인간의 이해력을 넓혀 인간의 지식 확장에 기여할 뿐, 자체적으로 지식을 보유하거나 생성하지 않는다고 생각할 수 있다. 미국 철학자 존 설(John Searle)은 '중국어 방(Chinese room)'이라는 사고 실험을 통해 튜링 테스트를 통과한 기계가 있더라도 그것이 진정으로 언어를 이해하거나 알고 있다는 주장을 비판했다(Searle, 1980).

그러나 기계가 언어를 인식하는지 못하는지와 별개로 인공지능은 전문가 수준 이상의 지식 능력을 실질적으로 발휘하고 있다. 예를 들어 GPT-4는 오픈AI(OpenAI)가 개발한 대규모 언어 모델로 미국 통합 변호사 시험에서 상위 10%에 해당하는 점수를 기록했다(OpenAI, 2023). 자아가 없는 인공지능이 언어를 인식했는지에 대한 철학적 논쟁은 별론으로 하고 결과적으로 GPT-4가 상당한 지식을 보유하고 있고 적절한 맥락으로 활용하고 있다는 것을 부인하기는 어렵다.

현대 딥러닝 시스템, 특히 인공지능 분야에서 AI가 마치 인간의 직관이나 암묵지를 갖고 있는 것처럼 보이는 사례들이 있다. 이는 AI가 단순히 주어진 데이터를 활용하는 것을 넘어 새로운 형태의 지식 보유자로 설명될 수 있다. 즉 기계가 보유한 '기계지식'으로 설명될 수 있다.

예를 들어 자율주행차를 구동하는 AI는 복잡한 환경 속에서 주행을 가능케 하는 다양한 암묵지를 보유하고 있다. 보행자의 행동을 예측하고, 다른 차량의 움직임을 예상하며, 다양한 도로 및 날씨 조건에 적응하고, 예측

불가능한 상황에서 자동차의 속도와 주변 상황에 따라 즉각적인 결정을 내린다. 또한 이러한 차량은 주변 환경으로부터 학습하여 교통 패턴, 도로 표지, 그리고 동적인 환경에 대한 이해를 지속적인 경험을 통해 개선하면서 지식을 축적해 나간다. 이러한 점에서 자율주행차가 보유한 암묵지는 인간이 가진 암묵지와 본질적으로 다르지 않아 보인다.

기계지식의 특성

1) 데이터 기반 학습: AI 모델, 특히 딥러닝 시스템은 방대한 데이터를 학습하여 지식을 획득한다. 이 데이터는 텍스트 이외에 이미지, 소리, 센서 데이터 등 멀티 모달이며 디지털 형태로 처리된다. 하지만 AI가 학습하는 지식은 단순히 명시적인 규칙이나 기호에만 국한되지 않고, 데이터에 내재된 암묵적인 패턴까지도 학습한다. AI 모델의 성능은 학습한 데이터의 양, 다양성, 품질에 따라 결정되며, 최근에는 여러 감각을 통합하는 멀티 모달 데이터 학습이 AI의 학습을 더욱 풍부하게 만든다.

2) 암묵적 지식 습득: 기계가 암묵적 지식을 보유한다는 것은 인류사에 혁명적인 일이다. 즉 모델은 복잡한 패턴을 인식하고 예측할 수 있지만 이는 명시적으로 프로

그래밍된 결과가 아니다. 예를 들어 언어 모델은 명시적으로 문법 규칙을 배우지 않고도 훈련을 통해 문법의 뉘앙스, 감정 표현, 문체 등을 파악할 수 있다. 또한 이미지에서 개와 고양이를 구분하는 AI의 능력은 암묵적 지식의 예다.

3) 확장성과 전파성: 인간의 암묵지는 개인적이고 전파가 거의 불가능하지만 AI가 보유한 암묵지는 복제와 공유가 가능하다는 점에서 확장성과 전파성이 뛰어나다. 한 AI 모델이 특정 영역에서 학습한 지식은 수많은 플랫폼이나 애플리케이션에 손실 없이 적용될 수 있다. 예를 들어 자율주행을 학습한 모델은 수백만 대의 차량에 복제되어 활용될 수 있다. 힌턴은 현재 컴퓨터에 의한 계산은 동일한 프로그램, 즉 동일한 신경망을 물리적으로 다른 하드웨어에서도 동작시킬 수 있음을 언급하면서 프로그램이 담고 있는 지식(매개 변수에 저장된 숫자들)은 불멸한다고 설명한다(Hinton, 2024). 구텐베르크 인쇄술이 지식을 빠르게 전파하여 지식 혁명을 일으켰지만 이는 형식지에 불과했다. AI는 암묵적 지식도 대량으로 확산시킬 수 있다는 점에서 새로운 지식 혁명을 예고한다.

4) 암시적인 추론: 현대 AI의 중요한 문제 중 하나는

그 학습 과정이나 결론 도출이 암시적이라는 점이다. 딥러닝 모델은 수백만, 수십억 개의 파라미터(parameter)를 기반으로 복잡한 연산을 수행해 결정을 내리는데, 이는 인간이 쉽게 이해하기 어려운 '블랙박스' 형태로 작동한다. 이러한 이유로 최근에는 '설명 가능한 AI (eXplainable AI, XAI)'가 강조되고 있으며 AI의 복잡한 결정 과정을 더 투명하게 이해할 방법이 연구되고 있다.

5) 다차원 데이터 처리 능력: 딥러닝 모델은 인간과 달리 다차원 데이터를 동시에 처리할 수 있다. 예를 들어 자율주행차의 AI는 카메라, 라이다, 레이더, GPS 등 다양한 감각 데이터를 동시에 분석하여 실시간으로 주행 및 장애물 회피를 결정한다. 이러한 다차원 데이터 동시 처리 능력은 인간이 결코 찾아낼 수 없는 고차원적이고 복잡한 패턴에 기반한 예측을 가능케 한다. 그리하여 금융, 의료, 기후 과학과 같은 복잡한 데이터를 동시에 분석해야 하는 분야에서 인간을 초월한 모습을 보여 준다.

6) 생물학적 한계 초월: 인간의 암묵적 지식은 신체적 한계에 의해 제약을 받는다. 예를 들어 인간이 자전거 타는 법을 배우는 과정은 신체 감각과 근육 반응을 통해 이루어지는데 이는 감각계와 운동계 능력에 의해 제한된다. 그러나 AI는 이러한 생물학적 한계를 초월한다. 고

정밀 센서나 빠른 반응 속도의 모터를 장착한 AI 시스템은 인간 감각계가 도저히 얻을 수 없는 신호를 입력받아 처리할 수 있고, 초고정밀도 수준의 정확성과 속도로 피드백을 제공할 수 있다. AI에게는 슬로우 모션이지만 인간이 보기에는 총알 속도(bullet-time)의 피드백이 가능하다. 이로 인해 자율주행 로봇은 인간이 도저히 운전할 수 없는 속도로 정확하게 자전거를 주행하는 것이 가능하다. AI가 획득한 이러한 지식은 인간의 생물학적 인지 및 반응 한계를 초월한다.

참고문헌

국립국어원(2024), 국립국어원 표준국어대사전, https://stdict.korean.go.kr/main/main.do (2024.01.02.).

부경호(2023). 『시그널 코리아 2024』. 광문각출판미디어.

APA Dictionary of Psychology(2018), https://dictionary.apa.org/instinctive-knowledge

Grant, K.(2007). Tacit Knowledge Revisited - We Can Still Learn from Polany. *The Electronic Journal of Knowledge Management. 5.* 173-180.

Hinton, G.(2024). "Will digital intelligence replace biological intelligence?", Romanes Lecture, https://youtu.be/N1TEjTeQeg0?si=kR8YC70SkyPyjP5z.

OpenAI(2023). GPT-4 Technical Report, https://cdn.openai.com/papers/gpt-4.pdf

Polanyi, M.(1966). *The Tacit Dimension.* Garden City, NY: Doubleday & Company.

Searle, J.(1980). Minds, Brains and Programs, *Behavioral and Brain Sciences, 3*(3), 417~457.

Silver, D., et al.(2017). Mastering the game of Go without human knowledge. *Nature, 550,* 354~359.

03
기계지식의 초월성

하이퍼지식은 당대에는 혁신적이지만 후대에는 보편적 지식이 되는 것으로 AI도 이를 창출하며 종종 인간의 한계를 초월한다. AI는 생물학적 한계 초월, 암묵적 학습, 다중 데이터 처리 및 실시간 분석 능력을 통해 인간이 도저히 도출하기 어려운 지식을 산출할 수 있다. AI의 하이퍼지식은 과학, 기술, 예술 등 다양한 분야에서 혁신을 이끌며 인간의 지식 체계에 포섭되어 보편화될 것이다.

AI와 난임 극복?

하이퍼지식

'하이퍼지식'은 당대에는 그 분야의 전문가도 생각해 내기 어려운 혁신적 지식이었지만 후대 인류에게 보편 · 상식적으로 인식된 지식을 말한다. '혁신성'은 발명에서 신규성(Novelty), 진보성(inventiveness)과 같은 개념이다. 이러한 혁신적 발명을 창출하는 능력에 대하여 창의적(creative)이라고 표현한다. 하이퍼지식의 사례로 1905년 아인슈타인이 고안한 특수상대성 이론은 당시에 경이로웠지만 현재 고등학교 물리 교과서에서도 소개되고 있으며 GPS를 탑재한 스마트폰의 위치를 정밀하게 측정하는 데 사용되고 있다. 1637년 데카르트가 발명한 기하학과 대수학을 융합시키는 좌표계 개념은 이제 중학교에서 널리 배우는 지식이다. 최초로 기록된 숫자 '0'은 기원전 3세기경 메소포타미아에서 발견됐으며 마야인들은 기원후 4세기경에 독립적으로 이를 발명했다. 숫자 '0'은 5세기 중반 인도에서 고안되었고, 7세기 말경에는 캄보디아로, 그리고 8세기 말에는 중국과 이슬람 국가들로 퍼져 나갔으며, 12세기에 서유럽에 도달하였다. 이처럼 인류 발전은 철학 · 과학 · 기술 · 예술 등 다방면에서 당대 최고의 전문가들이 창출한 하이퍼지식이 확산되고 축적되면서 발전해 왔다.

하이퍼지식은 만고불변한 우주적, 절대적 보편성을 갖지 않는다. 이는 지구 환경에서 인류 지속, 유지에 적합하고 유용하여 채용된 적자 생존적 지식이다. 예를 들면 지구에 달이 없다면 조석에 관한 지식 자체가 창안될 수 있을지에 대해 인식론적 논의를 해 볼 수 있다. 하이퍼지식이 발명된 이후 널리 퍼지기 위해서는 그 유용성을 인식하고 보편화할 수 있는 사회적 역량과 과정이 필요하다. 발명이 아무리 뛰어나다고 하더라도 이를 현실에서 실현한 기업가를 만나야만 혁신적 발명으로 남는 것처럼 지식은 그 자체의 혁신성보다 이를 채용하고 활용하는 사회적 역량을 축적하는 게 더 중요할지도 모른다.

AI가 창출한 하이퍼지식

AI가 지식을 생성할 수 있을까? 이 질문은 지식 자체의 본질, AI의 능력 그리고 '생성'에 대한 정의를 깊이 탐구해야 한다. 2016년 알파고와 이세돌의 2자선에서 알파고의 37번째 수는 AI가 창출한 새로운 지식의 사례다. 알파고가 보여 준 37번째 수는 너무 파격적이어서 바둑 전문가들을 놀라게 했다. 당시 TV 실황 중계에서 김성룡 9단은 "이번 대국에서 알파고가 던진 가장 놀라운 수"라면서 "누구도 예상치 못했다. 프로라면 절대 던지지 않을 돌이었다"라고 놀라움을 금치 못했다. 이희성 9단도 "보통 두어서는 안 되는 걸로 알려진 수"라면서 "이렇게 둘 수도 있다는 걸 알려 줬다는 점에서 의미가 있다"라고 말했다. SBS 해설 송태곤 9단도 "이건 아마추어가 뒀다면 굉장히 혼날 만한 수다. 굉장히 이상한 수"라고 탄식했다. 딥러닝 모델 알파고가 두 번째 대국 37번째 수에서 내린 이 결정은 인간의 편견과 지혜에 얽매이지 않는 완전히 새로운 수준의 전략적 사고를 보여 줬다. 복기하면서 김성룡 9단은 "결과적으로 보면 알파고에게 프로가 배워야 한다. 배울 만한 수라고밖엔 할 말이 없다"라며 "이런 식으로 둘 수 있는 사람은 요즘 기사 중엔 없고, 그나마 전성기의 이창호 9단이라면 모를까 싶은데 이창호 9단도 이렇게 안 둘 것"이라고 설명했다.

인간계 최고의 고수가 기계가 창출한 지식으로부터 배워야 한다고 말하는 순간이었다. 한마디로 이 37번째 수는 인간계의 최고수들도 생각해 낼 수 없는 하이퍼지식이 창출되는 순간이었다.

알파고의 37번째 수는 가장 숙련된 인간 플레이어도 이해할 수 없는 엄청난 양의 데이터를 합성하고 패턴을 식별하는 딥러닝 모델의 초월적 능력을 보여 준 것이다.

바둑 기사가 이야기했듯이 알파고의 37번째 수는 이제 프로 기사도 배워야 하는 하나의 기보가 되어 보편화됐다. 기계가 창출한 하이퍼지식이 인간이 배우는 지식으로 편입됐다는 것이다.

기계지식의 초월성

AI가 생성한 기계지식은 인간 지식의 근본적인 한계를 초월할 수 있다. 인간이 획득할 수 있는 지식의 양은 생물학적 제약으로 인해 한정돼 있다. 평생 읽을 수 있는 책의 권수는 하루에 5권씩 70 평생을 읽는다 해도 13만 권이 안 된다. 그러나 비용만 감당할 수 있다면 AI는 언어의 장벽 없이 무한한 양의 책을 학습할 수 있다. 이세돌이 은퇴하기 전까지 바둑을 둔 경기 횟수는 기껏해야 수천 번이지만 AI는 이세돌과 바둑을 두기 전에 인간의 기보는 모두 학습했다. 비용을 감당할 수 있고 데이터 사용이 허락된다면 AI의 학습 능력은 무제한이다. 기계지식은 학습량에서 인간을 초월한다.

AI가 습득한 암묵적 지식은 인간이 도저히 가질 수 없는 종류의 지식일 수 있다. 예를 들어 구글의 알파폴드(AlphaFold)는 단백질의 아미노산 서열만으로도 단백질의 3차원 구조를 선례 없는 정확성과 속도로 예측할 수 있어 인간이 도달할 수 없는 초월적인 암묵적 지식을 보유하고 있다(Jumper & Evans, 2021). 단백질 접힘은 단백질이 채택할 수 있는 구성의 천문학적인 수로 인해 매우 복잡한 문제이지만 AI는 방대한 양의 확인된 데이터 내에서 암묵적인 패턴과 관계, 즉 인간이 인지하고 식별하기에는 너무 복잡하고 고차원적인 패턴을 학습했다. 이러한 지식은 인간의 한계를 초월하는 형태를 구현한다.

2024년 노벨 화학상은 알파폴드2를 창조한 딥마인드사의 데미스 하사비스(Demis Hassabis)와 존 점퍼(John Jumper)가 차지했다. 이는 인간의 능력을 초월한 알파폴드2의 단백질 구조 예측 능력 때문이다. 1970년대부터 연구자들은 아미노산 서열로부터 단백질 구조를 예측하려고 시도해 왔지만 매우 어려운 작업으로 악명이 높았다. 하지만 알파폴드2는 2020년에 발표된 이후, 연구자들이 밝혀낸 거의 모든 2억 개의 단백질 구조를 정확하게 예측하는 혁신을 이뤄 냈다.

알파폴드2는 인간의 분석력과 기존 예측 방식으로는 불가능했던 수백만 개의 단백질 구조를 짧은 시간 안에 정확하게 예측할 수 있으며, 이는 단백질 기능의 이해를 돕고 신약 개발, 백신 연구, 나노 물질 및 센서 개발 등 광

범위한 과학적 응용에 큰 기여를 하고 있다. 특히 알파폴드2의 활용은 항생제 내성 이해, 플라스틱 분해 효소 발견 등에서도 중요한 역할을 하고 있다. 이러한 성과는 인간의 한계를 넘어 과학적 진보에 기여했다는 점에서 노벨 화학상 수상 이유로 평가되었다.

AI는 동시에 여러 가지 다른 종류의 데이터를 처리하고 학습할 수 있는 능력으로 인간이 도저히 획득할 수 없는 지식을 습득한다. 예를 들어 금융 AI 시스템은 주가, 글로벌 경제 지표, 뉴스 기사, 소셜 미디어 정서, 지정학적 이벤트 등 여러 데이터를 한 번에 동시에 분석할 수 있다. 이러한 다중 모드 분석을 통해 AI는 방대하고 다양한 정보를 실시간으로 처리함으로써 인간 전문가의 능력을 초월하는 금융 분석 지식을 갖출 수 있다.

AI 지식은 생물학적 제약을 초월한다는 점에서 인간 지식과 또 다른 차별성을 지닌다. 인간이 암묵적 지식을 감각계를 통해 학습할 때 생물학적 한계를 갖는다. 아무리 재빠르더라도 1/1000초 단위로 반응하는 지식을 습득할 수 없다. AI는 엄청나게 빠른 반응 시간으로 정보를 학습, 처리하고 결정을 내려 매우 짧은 시간 안에 이벤트를 효과적으로 인식함으로써 '총알 시간 지식(bullet-time knowledge)'을 보유할 수 있다. 이를 통해 AI는 인간의 능력을 초월하여 급변하는 상황을 실시간으로 분석하고 대응하는 지식을 갖출 수 있다.

참고문헌

Jumper, J., et al.(2021). Highly accurate protein structure prediction with AlphaFold. *Nature* , *596*, 583~589.

The Nobel Prize. https://www.nobelprize.org/prizes/chemistry/2024/press-release/

04
AI 창의성에 대한 평가

AI 창의성은 인간과 근본적으로 다른 메커니즘으로 작동한다. 인간이 감정, 직관, 경험에 의존하는 반면에 AI는 방대한 데이터와 복잡한 알고리즘을 통해 창의성을 발현한다. 따라서 인간 창의성을 기준으로 AI를 평가하는 것은 두 시스템의 본질적 차이를 간과하는 오류다. AI 창의성을 이해하고 평가하기 위해서는 인간 중심적 관점을 넘어 더 포괄적이고 우주적인 시각이 요구된다.

AI와 사주?

창의성이란 무엇인가

창의성은 새롭고 가치 있는 아이디어를 생성하는 능력으로 정의될 수 있다(Boden, 2009). 여기서 '가치 있는'은 흥미로운, 유용한, 아름다운, 단순한, 복합적으로 풍부한 등 다양한 의미를 가진다. '아이디어' 또한 단순한 개념, 이론, 해석, 이야기뿐만 아니라 그래픽 이미지, 조각, 건축물, 제트 엔진 등 여러 의미를 포함한다.

창의성은 다른 사람들이 생각하지 못한 방식으로 문제를 풀어내는 능력을 포함하며, 단순한 기술적 숙련을 넘어선 복합적인 인지 과정을 요구한다. 역사적으로 창의성은 예술적 영감이나 천재적인 직관의 산물로 여겨지며 주로 신성의 영역으로 간주됐다.

창의성에 관한 과학적 연구는 비교적 최근에 시작됐다. 특히 1950년 미국 심리학회 회장이었던 길퍼드(Guilford)가 창의성 연구의 중요성을 강조한 심리학회 기조연설을 통해 본격화되었다. 길퍼드는 창의적 사고와 문제 해결의 구조를 분석하고, 이를 체계적으로 연구해야 한다고 주장하였다. 이후 창의성은 심리학, 인지과학, 교육학 등 다양한 학문 분야에서 중요한 연구 주제가 되었으며, 길퍼드가 구분하여 제시한 발산적 사고(divergent thinking)와 수렴적 사고(convergent thinking) 개념을 통해 창의성을 분석하는 프레임이 널리 활용된다. 발산적 사고는 하나의 문제에 대해 다양한 아이디어나 해결책을 창의적으로 생성하는 사고방식을 말한다. 반면에 수렴적 사고는 주어진 문제에 대해 논리적이고 분석적으로 접근하여 단일한 최적의 해결책을 찾아내는 사고방식을 의미한다. 인간은 발산적 사고에서 수렴적 사고로 이어지는 과정을 통해 창의적 해결책을 생성한다. 발산적 사고가 새로운 아이디어 생성을 가능하게 하고 이어서 수렴적 사고는 가장 적절하거나 최적의 해결책을 도출하게 한다.

길퍼드는 창의적 문제 해결에서 발산적 사고를 우선시하였다. 길퍼드가 제시한 창의성 평가 체계는 가장 널리 활용되는 접근법으로 발산적 사고 능력을 측정하는 데 중점을 둔다. 길퍼드는 다음과 같이 네 가지 주요 요소를 통해 창의성을 평가한다(Guilford, 1967). 1) 유창성(fluency): 주어진 문제에 얼마나 많이 아이디어를 제시하는지 2) 유연성(flexibility): 다양한 관점이나 범주에서 아이디어를 도출하는지 3) 독창성(originality): 아이디어가 얼마나 새롭고 독특한지 4) 정교성(elaboartion): 아이디어가 얼마나 구체적이고 세부적으로 표현되는지를 측정한다.

이미 AI는 인간보다 창의적이다?

최근 발표된 연구에 따르면 GPT-4와 같은 대규모 언어 모델은 발산적 사고 과제에서 인간보다 더 높은 창의성을 보여 줬다(Hubert, et al., 2024). 연구팀은 GPT-4 즉 AI와 인간의 창의성을 비교하기 위하여 길퍼드의 발산적 사고 평가 체계를 활용했다. 이 평가 체계는 유창성, 유연성, 독창성, 정교성 요소를 중심으로 구성됐다. 연구팀은 질문에 대한 응답에서 AI와 인간 응답자의 유창성을 동일하게 통제한 후 독창성과 정교성의 차이를 집중적으로 분석했다. 예를 들어 '포크를 활용한 창의적인 대체 용도'를 제시하는 과제에서 인간이 아이디어 6개를 제시하면 AI도 아이디어 6개를 생성하도록 유도하여 동일한 유창성 점수에서 독창성과 정교성 능력을 비교한 것이다. 그 결과 AI는 독창성과 정교성에서 인간을 능가했지만 유연성에서는 인간이 더 우월한 것으로 나타났다. 위 논문 제목은 "발산적 사고의 과제에서 AI가 인간보다 더 창의적이다"다.

과연 인간의 창의성을 평가하는 방식으로 기계의 창의성을 평가하고 서로 비교하는 것은 옳은 일인가? AI의 창의성을 이해하기 위해 인간의 창의성을 먼저 이해해야 할까? 컴퓨터에서 창의성이 발현되는 과정을 이해하는 것은 중요하지만 인간의 창의성을 이해하는 방식으로 AI의 창의성을 이해하려는 시도는 적절치 않다. 그 이유는 인간과 AI가 근본적으로 다른 방식으로 작동하기 때문이다. 인간의 창의성은 감정, 경험, 직관, 문화적 배경, 그리고 상황 등 복잡하고 주관적인 요소에 의해 형성된다. 반면 AI는 주어진 데이터와 알고리즘을 기반으로 패턴을 인식하고 결과를 도출하는 기계적인 프로세스를 거친다. 따라서 인간의 창의성에 적용되는 기준이나 접근 방식을 AI에 동일하게 적용하는 것은 두 시스템의 본질적 차이를 무시하는 것이다.

예를 들어 앞서 설명한 연구에서는 인간 참가자에게 3분이라는 제한된 시간을 부여해 응답을 받았지만 즉각적인 응답이 가능한 AI는 이와 같은 시간이 필요 없었다. 만약 인간에게 3분이 아닌 1시간을 주었다면 결과는 달라졌을 가능성이 크다. 충분한 시간이 주어진다면 인간이 독창성이나 정교성에서 더 나은 성과를 보였을지도 모른다. 반대로 인간 창의성의 발현은 주관적이기 때문에 어떤 응답자에게는 충분한 시간이 지루함을 유발해 창의성에 방해가 되었을 수도 있다. 또한 AI와 인간에게 제시한 동일한 질문에 "다양한 관점에서 제시하라"는 내용(프롬프트)을 추가했다면 유연성에서도 AI가 인간을 능가하는 결과를 냈을 가능성도 있다. AI 언어 모델의 성능은 매개 변수 개수(모델의 크기), 데이터 세트 크기 및 훈련된 학습 데이터의 양에 따라 성능이 향상된다(Kaplan, 2020). 즉 모델의 크기를 키우거나 다양한 도메인 분야에서 보다 많은 양의 데이터를 훈련시켰다면 AI의 유연성이 증가할 것이고 실험에서 인간 응답자를 능가할 수 있었을 것이다.

인간은 창의적 작업 중에 메타인지적 성찰과 정서적 입력에 의존하는 반면, AI는 이러한 성찰 과정 없이 사전 훈련된 알고리즘과 데이터를 통해 창의적인 결과를 생성한다. 인간의 창의성을 주도하는 의식적 숙고 과정이 AI에게는 없기 때문에(정확하게는 필요하지 않기 때문에) 인간의 창의성을 바탕으로 기계의 창의성은 이해하고 평가하는 것은 난센스다. AI는 인간처럼 감정이나 직관을 바탕으로 창의성을 발현하지 않는다. 대신 대규모 데이터와 강력한 알고리즘을 사용해 기존 패턴에서 새로운 결합을 찾아내는 방식으로 창의적인 결과를 산출한다.

AI 창의성, 인간의 잣대를 넘어

구글의 마젠타(Magenta) 프로젝트는 음악을 만들어 내는 AI를 학습시키는 것으로 이 프로젝트 책임자 더글러스 에크(Douglas Eck)는 세계를 인간과 AI로 나누는 것, 다시 말해 기계의 창의성을 이해하기 전에 인간의 창의성부터 이해해야 한다는 생각은 실수라고 주장한다(Miller, 2022).

우리 자신의 창의성이 작동하는 방식으로 기계의 창의성을 이해 · 평가하려는 것은 핵심을 완전히 놓치는 것이다.

1) AI는 인간과는 근본적으로 다른 방식으로 창의성을 발현한다: AI는 인간이 예측할 수 없는 방식으로 새로운 결과를 만들어 낸다. 대표적인 예로 알파고와 이세돌의 두 번째 바둑 대결에서 알파고의 37번째 수는 인간 플레이어들에게 예상치 못한 충격적인 수였다. 이 수는 단순히 기존 전략의 변형이 아니라 AI가 스스로 만들어 낸 완전히 새로운 창의적 전략이었다. '알파고 제로(Alpha Go Zero)'는 '알파고'와는 달리 기존 인간의 기보를 전혀 학습하지 않고 오직 바둑의 규칙만으로 스스로 수백만 번의 경기를 치르며 학습한 결과로 지식을 축적했다. 이세돌을 이긴 '알파고'를 상대로 100대 0으로 승리한 '알파고 제로'는 AI 창의성의 또 다른 진면목을 보여 줬다. '알파고'와 '알파고 제로'를 개발한 팀의 리더 데이비드

실버(David Silver)는 '알파고 제로'에 대해 "인간의 데이터나 전문 지식을 전혀 사용하지 않음으로써 인간 지식의 제약을 없앴기 때문에 이전 방식보다 더 강력하다"라고 말했다(Sample, 2017). 그리고 "이는 스스로 지식을 창출할 수 있게 한다"라고 설명했다. 이를 통해 AI 창의성이 인간과는 다른 방식으로 작동해 더욱 강력해지고 있다는 점을 보여 준다.

2) AI 창의성이 인간 창의성보다 더 보편적일 수 있다. 인류가 진화를 통해 획득한 창의성은 단지 하나의 특수 사례다. 생명체의 다양성에도 불구하고 우리가 연구할 수 있는 생명체의 진화 사례는 단 하나, 즉 우리 자신뿐이다. 이는 어떤 특징이 생명 현상에서 본질적인지 이해하는 데 제약을 가한다. 이를 'N=1 문제'라고 한다. 인간 창의성으로 AI 창의성을 설명하고자 하는 시도는 인간의 창의력 발현에 중요한 전두엽이 없는 문어 혹은 '글래디에이터 거미'와 같은 생명체가 보여 주는 창의적 행동을 인간의 뇌로 설명하려는 것과 같다. 물리 법칙이 우주 전체에 동일하게 적용된다는 점을 감안하면 인류와 전혀 다른 문명 세계더라도 AI와 같은 딥러닝 모델은 개발될 수 있다. 이는 AI 창의성이 인간 뇌가 보여 주는 창의성보다 더 보편적일 수 있음을 말한다. AI는 생물학적 한계

에 얽매이지 않으며 그 창의적 과정은 오히려 우주의 보편적 물리 법칙의 원칙과 더 밀접하게 맞닿아 있을 가능성이 크다. 따라서 AI 창의성은 인간의 진화적 한계를 넘어 더 보편적이고 확장 가능한 틀로 이해해야 한다. 인간 창의성은 우주적 관점에서 보편성을 가진 특성이 아니라 N=1이라는 진화론적으로 특수한 상황이기 때문이다.

3) AI의 창의성은 이제 막 시작되었으며 그 잠재력은 막대하다. 이미 인간이 해결하기 어려운 영역에서 AI는 창의적인 해결책을 제시하고 있다. AI의 창의적 결과는 알고리즘의 효율성, 매개 변수 개수(모델의 크기), 데이터 세트의 크기, 학습 데이터의 양과 다양성 등에 따라 달라진다. 이러한 요소들이 확장됨에 따라 AI가 인간 창의성과는 본질적으로 다른 형태의 창의성을 발현할 가능성이 높아지고 있다. 예를 들어 AI는 방대한 데이터 세트에서 인간이 인식할 수 없는 새로운 패턴을 발견해 내며, 인간의 한계를 넘어선 창의적 발견을 가능케 한다.

4) 인간의 창의성을 이해할 때는 간과됐지만 AI 창의성을 평가할 때 중요한 기준 중 하나는 에너지 소비다. 인간은 진화적으로 창의성을 발현하는 데 제한된 에너지를 사용해야 한다는 제약이 있었다. 인간의 뇌는 다른 동물에 비해 많은 에너지를 소모하지만 그 에너지 소비

량은 약 20와트에 불과한 반면 GPT-4와 같은 대규모 AI 모델은 수십억 개의 매개 변수를 학습시키기 위해 막대한 컴퓨팅 자원과 에너지를 소비한다. 예를 들어 GPT-3를 학습시키는 데 수백 메가와트시(MWh)의 전력이 소모되었으며 이는 상당한 양의 탄소를 배출했다. AI가 더욱 복잡한 문제를 해결하고 더 많은 데이터를 처리할 수 있게 될수록 에너지 소비는 기하급수적으로 증가한다. AI 창의성을 평가할 때는 이러한 에너지 효율성도 중요한 요소로 고려되어야 한다. 에너지를 과다하게 소비하는 AI 시스템은 지속 가능성이 떨어지며 환경에 미치는 영향도 무시할 수 없다. 따라서 AI 창의성을 이해할 때는 에너지 효율성을 중요한 평가 기준으로 삼아야 하며, 이는 현재 AI 산업에서 매우 중요한 과제다.

결론적으로 AI 창의성은 인간과는 근본적으로 다른 과정으로 발현되고 있다. AI가 발전하면서 인간의 인지 과정과 근본적으로 다른 방식으로 창의성이 발현되고 있으며, 이 과정에서 에너지 소비와 지속 가능성에 대한 문제도 함께 고려돼야 한다. AI 창의성을 이해하려면 인간 중심의 관점을 넘어서 더 보편적이고 우주적인 시각을 받아들여야 한다.

참고문헌

Boden, M(2009). Computer Models of Creativity. *AI Magazine, 30*(3), 23.

Guilford, J.(1967). *The Nature of Human Intelligence*. New York, NY: McGraw-Hill.

Hubert, K., et al.(2024). The current state of artificial intelligence generative language models is more creative than humans on divergent thinking tasks. *Scientific Reports, 14*(3440), https://doi.org/10.1038/s41598-024-53303-w

Kaplan, J., et al.(2020). Scaling Laws for Neural Language Models, arXiv preprint arXiv:2001.08361.

Miller, A.(2019). The Artist in the Machine: The World of AI-Powered Creativity. MIT Press. 김동환·최영호 옮김(2022). 『아티스트 인 머신: AI 창의성의 세계』. 컬처북스.

Sample, I.(2017.10.18). It's able to create knowledge itself': Google unveils AI that learns on its own. ≪The Guardian≫, https://www.theguardian.com/science/2017/oct/18/its-able-to-create-knowledge-itself-google-unveils-ai-learns-all-on-its-own

05
AI의 상상법

창의적 AI는 방대한 데이터를 학습하여 현실 세계와 조화를 이루는 개연성을 바탕으로 방대한 데이터를 학습하여 새로운 아이디어를 생성한다. 잠재 공간에서 데이터를 압축 변환하고, 잠재 벡터를 활용하여 다양한 창의적 결과물을 만들어 낸다. 창의성의 핵심은 개연성을 유지하면서 이질적인 요소들을 연결하는 능력이다. AI는 방대한 지식과 패턴 분석 능력으로 다양한 분야의 이질적 연결을 가능케 한다. 이를 통해 인간의 창의성을 능가한다.

AI와 아이돌?

창의성의 기본: 개연성 창출 능력

컴퓨터 창의성 연구의 선구자 마거릿 보든(Margaret Boden)은 창의성을 "새롭고 가치 있는 아이디어를 생성하는 능력"으로 정의한다(Boden, 2009). 새로운 아이디어가 가치를 지니기 위해서는 현실 세계에서 실현 가능해야 하며, 그럴듯하고 개연성을 지녀야 한다. 현실에 뿌리내리지 못하는 아이디어는 공허한 상상에 불과하기 때문이다.

창의적 AI의 출발점은 자기가 생성한 데이터에 개연성을 담지하는 것이다. 개연성이란 단순히 "있을 법한" 정도를 넘어서 주어진 맥락이나 조건에 맞는 합리적인 연결성을 의미한다. 즉 AI가 생성한 데이터가 현실 세계의 지식, 규칙, 패턴 등과 조화를 이루어야 한다는 것이다. 이러한 개연성이 우주적 관점에서 보편적 진리를 의미하는 것은 아니다. 예를 들어 AI가 사람 얼굴을 그린다고 해 보자. 눈이 코보다 아래에 있고 입이 위쪽에 있는 얼굴은 지구에서 진화한 인간에게는 어울리지 않는 모습이지만 물리 법칙이나 생물학적 법칙에 위배되는 것은 아니다. 사실 개미핥기는 눈이 코보다 아래에 위치한다. 하지만 이런 얼굴은 우리가 알고 있는 사람 얼굴의 일반적인 구조와는 다르다. AI가 그린 얼굴이 개연성을 갖추려면 눈, 코, 입의 위치, 비율, 표정 등을 고려하여 '사람처럼 보이는' 얼굴을 생성해야 한다. 마치 실제 사람을 보고 그린 초상화처럼 말이다.

생성형 AI 모델은 어떻게 새로우면서 개연성을 갖춘 데이터를 만들어 낼까? 생성형 AI 모델은 방대한 양의 데이터를 분석하고 기본 패턴과 구조를 식별하여 현실 세계를 모방하는 방법을 배운다. 마치 화가가 수많은 그림을 보고 그림 그리는 법을 배우는 것과 같은 이치다. 이렇게 학습한 AI는 실존하지 않지만 있을 법한 데이터를 생성할 수 있다. 예를 들어 고양이와 개의 이미지를 분류하는 AI 모델은 기존 데이터를 분석하여 고양이와 개의 특징을 구분하는 방법을 배운다. 이러한 모델을 판별 모델이라고 한다. 반면에 생성형 모델은 고양이와 개 이미지 데이터 세트의 분포를 학습하여 새로운 고양이나 개의 이미지를 생성한다.

생성형 AI 모델은 이미지처럼 실공간의 고차원 데이터 속에 숨겨진 복잡한 패턴을 학습하여 저차원 잠재 공간에서 압축된 형태로 표현한다. 이 잠재 공간은 원본 데이터의 핵심을 담고 있는 저차원 지도라고 생각하면 된다. 예를 들어 256×256 픽셀의 컬러 이미지는 원래 196,608차원(256×256×3)이 고차원 데이터다. 생성형 모델은 훈련을 통하여 데이터에 숨겨진 패턴(지식)을 512~1024 저차원 잠재 공간에서 데이터의 핵심 특징을 담은 요약본으로 압축되어 인코딩(encoding)된다. 실공간의 고차원 이미지를 저차원 잠재 공간으로 압축할 수 있는 것은 실공간 이미지들이 규칙과 패턴을 가지고 있기 때문이다. 예를 들어 3차원에서 지구상의 위치를 2차원의 위도와 경도로 나타낼 수 있는 것처럼 생성형 모델은 무수히 많은 차원의 실공간 데이터 속에 잠재된 규칙과 패턴을 학습하여 보다 저차원으로 압축된 잠재 공간에서 효율적인 표현을 찾아낸다. 이 잠재 공간상의 표현인 잠재 벡터들은 새로운 데이터를 생성하기 위한 청사진 역할을 한다. 생성형 모델의 디코더는 일종의 신경망인데 잠재 벡터를 받아 원본 데이터와 유사한 고차원 출력으로 변환시키도록 훈련된다. 생성형 모델의 디코더는 잠재 벡터를 입력으로 개연성을 갖춘 새로운 실공간의 데이터 즉 콘텐츠를 만들어 낸다.

잠재 벡터를 활용하면 존재하지 않는 그럴싸한 데이터를 조작할 수 있다. 예를 들어 "빨간색 사과" 이미지의 잠재 벡터에서 "빨간색"을 나타내는 벡터를 빼고 "파란색"을 나타내는 벡터를 더한 후 디코딩(decoding)하면 "파란색 사과" 이미지를 생성할 수 있다. 이처럼 잠재 벡터 연산을 통해 이미지의 색상뿐만 아니라 모양, 크기, 질감, 스타일 등 다양한 특징의 이미지를 생성해 낸다. 또한 잠재 벡터 연산을 이용하여 이미지 합성, 스타일 변환, 이미지 복원 등 다양한 작업을 수행할 수 있다. 본질적으로 생성 모델은 잠재 벡터를 사용하여 현실의 그럴듯한 변형을 상상하는 것이다. 핵심은 디코더가 얼마나 현실 세계에서 그럴싸해 보이는 데이터를 만들어 내는가다.

생성형 AI의 대표 알고리즘

생성형 AI 알고리즘의 핵심 과제는 어떻게 기계를 훈련시켜 현실 세계의 방대한 데이터에 잠재된 패턴과 규칙을 파악하게 하고, 이를 바탕으로 개연성 있는 새로운 데이터를 생성하게 만들 것인가에 있다. 생성형 AI의 능력은 AI가 단순히 주어진 작업을 수행하는 것을 넘어, 창의적인 문제 해결에도 활용될 수 있음을 시사한다. 생성형 AI의 대표 알고리즘은 다음과 같다.

GAN(Generative Adversarial Networks, 생성적 적대 신경망)

GAN은 마치 예술가와 감정가가 끊임없는 경쟁과 협력

을 통해 발전하는 것과 같은 시스템이다. 이 시스템은 실제 같은 데이터를 생성하는 '생성자(Generator)'와 생성된 데이터가 진짜인지 가짜인지 판별하는 '판별자(Discriminator)'라는 두 개의 신경망으로 구성된다. 생성자는 잠재 벡터를 입력받아 실제와 유사한 데이터를 생성하는 신경망이다. 마치 화가가 밑그림을 바탕으로 그림을 그리는 것과 같다. 판별자는 생성자가 디코딩한 데이터의 진위 여부 즉 개연성을 평가한다. 생성기와 판별기의 적대적 프로세스를 통해 생성기는 점점 더 실제와 구별하기 어려운 데이터를 생성하게 된다. GAN은 매우 사실적인 이미지, 오디오, 텍스트 등을 생성하는 데 탁월한 성능을 보이며 이미지 편집, 스타일 변환, 데이터 증강, 심지어 존재하지 않는 인물의 얼굴 사진을 만드는 등 다양한 분야에서 활용되고 있다.

VAE(Variational Autoencoders, 변분 오토인코더)

이 모델은 입력된 데이터를 신경망(인코더)을 통해 잠재 공간이라는 저차원 표현으로 압축한다. 이때 인코더는 단순히 데이터를 압축하는 것이 아니라 데이터의 중요한 특징들을 확률 분포의 형태로 학습한다. 이는 마치 그림의 핵심 요소들(색감, 형태, 질감 등)을 대략적인 범위

내에서 요약해 두는 것과 같다. 압축된 잠재 벡터는 또 다른 신경망(디코더)을 통해 다시 원본 데이터와 유사한 형태로 복원된다. 이러한 학습 과정에서 디코더는 잠재 벡터가 가진 확률 분포를 기반으로 새로운 데이터를 생성할 수 있다. 마치 요약된 정보를 바탕으로 새로운 그림을 그려 내는 것과 같다. VAE의 장점은 잠재 벡터를 조작해서 다양하게 의도적으로 변형된 데이터를 생성할 수 있다. 또한 VAE는 데이터의 분포를 학습하기 때문에 이상 감지(Anomaly Detection)와 같이 정상 데이터에서 벗어난 비정상적인 데이터를 탐지하는 데에도 활용될 수 있다. 다만 데이터의 선명도가 GAN에 비하여 떨어진다. 하지만 잠재 공간을 활용한 제어가 가능하다는 점에서 이미지 합성, 데이터 복원, 반지도 학습 등 다양한 분야에서 활발하게 활용되고 있다.

확산 모델 (Diffusion Model)

데이터에 노이즈를 추가했다가 다시 제거하는 과정의 훈련을 통해 개연성 창출 능력을 학습한다. 노이즈를 제거하여 원래 데이터를 복원하는 과정은 개연성을 입히는 생성 과정이기도 하다. 이 모델의 장점은 매우 현실적이고 구체적인 이미지를 생성할 수 있다는 점이다. 텍스트 입력을 기반으로 이미지를 생성하는 DALL-E, 스테이블 디퓨전(Stable Diffusion), 미드저니(Midjourney)와 같은 혁신적인 이미지 생성 모델들이 확산 모델을 기반으로 개발됐다. 이외에도 이미지 복원, 비디오 생성, 이상 감지 등 다양한 분야에서 확산 모델의 잠재력이 입증되고 있다. 다만 이미지를 생성하는 데 여러 단계를 거치기 때문에 GAN에 비해 속도가 느리다는 단점이 있다.

트랜스포머 (Transformer)

2017년 구글이 발표한 논문 "Attention Is All You Need"는 트랜스포머 알고리즘을 세상에 공개하며 기계의 인간 언어 처리 및 생성 능력에 혁명적인 변화를 가져왔다(Vaswani, A., et al., 2017). 기존 자연어 처리에서 주로 활용되던 순환 신경망(Recurrent Neural Network, RNN)은 문장이 길어질수록 앞부분 단어의 정보가 뒷부분까지 제대로 전달되지 못하는 한계를 안고 있었다. 하지만 트랜스포머는 문장 속 단어 간 관계 즉 맥락을 파악하는 데 탁월한 성능을 보이는 '어텐션(Attention)'이라는 새로운 메커니즘을 도입하여 이러한 문제를 해결했다. 어텐션 메커니즘은 문장 내 각 단어가 다른 단어들과 얼마나 관련 있는지 계산하여 텍스트 생성 시 중요한 단어에 더 많은 '주의'를 기울인다. 트랜스포머는 RNN과 달리 데이터를 순차적으로 처리할 필요가 없어 병렬 처리가 가능하며, 이는 대규모 데이터 학습을 훨씬 효율적으로 수행할 수 있게 해 줬다. 그 결과 챗GPT와 같은 대규모 언어 모델의 기반 기술로 자리매김하며 자연어 처리 분야의 패러다임을 완전히 바꿔 놨다. 트랜스포머 알고리즘 덕분에 기계는 인간을 뛰어넘는 언어 능력을 갖추게 됐으며 이는 번역, 텍스트 요약, 질문 응답, 심지어 소설이나 시 창작과 같은 다양한 분야에서 혁신적인 응용을 가능케 했다. 또한 트랜스포머의 성공은 자연어 처리뿐만 아니라 이미지 처리(Vision Transformer)나 음성 처리 등 다른 분야에도 영감을 주어 활발한 연구가 진행되고 있다.

창의성의 핵심: 연결 능력

수학자 앙리 푸앵카레(Henri Poincaré)는 창의성의 본질을 다음과 같이 표현했다. "가장 생산적인 결과를 낳는 조합은 종종 서로 동떨어진 분야에서 가져온 요소들로 구성된다"(Poincaré, 1910). 그는 서로 다른 요소들을 결합하는 것이 종종 창의적인 돌파구로 이어진다고 강조했다.

스티브 잡스도 비슷한 주장을 했다. "창의성은 단지 사물을 연결하는 것이다. 창의적인 사람들이 가진 경험들을 연결하고 새로운 것을 합성할 수 있다. 그리고 그들이 그렇게 할 수 있었던 이유는 다른 사람들보다 더 많은 경험을 가졌거나 자신들의 경험에 대해 더 많이 생각했기 때문이다. 불행하게도 그것은 너무 드문 자질이다. 우리 산업 종사자 대부분은 다양하지 않은 경험을 가지고 있다. 그래서 그들은 연결할 점들이 충분치 않아 문제에 대한 넓은 관점 없이 매우 직선적인 해결책을 내놓는다. 인간 경험에 대한 이해가 넓을수록 우리는 더 나은 디자인을 가지게 될 것이다"(Jobs, 1996).

창의성은 다양한 경험을 통한 폭넓은 이해에서 비롯되고 다양한 경험들을 연결 짓는 데서 발현된다. 인지 과학 연구에 따르면 창의성이 높은 개인들은 더 유연하고 상호 연결된 의미 네트워크를 가지고 있으며 이러한 구조는 멀리 떨어져 있는 개념들을 연결하여 새로운 아이디어를 생성하는 데 도움을 준다고 한다(Kenett, 2024).

AI 창의성은 푸앵카레와 잡스가 강조했던 창의성의 본질, 즉 다양한 개념들을 연결하는 능력과 깊은 관련이 있다. 특히 대규모 언어 모델은 다음과 같은 메커니즘을 통해 이러한 연결 능력을 탁월하게 발휘한다. 첫째, 방대한 데이터 학습을 통한 폭넓은 지식 습득이다. LLM은 인터넷상의 방대한 텍스트 데이터를 학습하여 인간이 평생 접할 수 있는 정보량을 훨씬 뛰어넘는 지식을 습득한다. 이는 스티브 잡스가 강조했던 "다양하고 더 많은 경험과 폭넓은 이해"를 AI가 가지고 있음을 의미한다. 마치 잡스가 인문학과 기술을 융합하여 혁신적인 제품을 만들어 냈듯이 AI도 다양한 분야의 지식을 융합하여 새로운 창조적 결과물을 만들어 낼 수 있다.

둘째, 복잡한 패턴 인식 및 연결 능력이다. AI는 인간이 인지하기 어려운 복잡한 패턴을 방대한 데이터 속에서 찾아내고, 서로 다른 분야의 개념들을 연결하여 새로운 아이디어를 생성할 수 있다. 인간은 이러한 연결을 꿈속에서나 우연한 관찰을 통해 간헐적으로 이루는 반면에 AI는 항상 연결을 유지할 수 있다는 점에서 차이가 있다. 방대한 양의 데이터를 처리하고 분석할 수 있는 AI의 능력을 고려할 때, 제한된 용량의 뇌를 가진 인간보다 AI가 더 창의적이라고 볼 수 있다.

참고문헌

Beaty, R., et al.(2018). Robust prediction of individual creative ability from brain functional connectivity. Proceedings of the National Academy of Sciences, 115(5), 1087~1092.

Boden, M.(2009). Computer Models of Creativity. AI Magazine, 30(3), 23.

Jobs, S.(1996.2.1). Steve Jobs: The Next Insanely Great Thing. Wired Magazine,
https://www.wired.com/1996/02/jobs-2/

Kenett, Y.(2024). The Role of Knowledge in Creative Thinking. Creativity Research Journal, 36(1), 1~8.

Poincaré, H.(1910). Mathematical Creation. The Monist, 20(3), 321~335.

Vaswani, A., et al.(2017). Attention is all you need. I*n Advances in neural information processing systems, 30*, 5998-6001.

06

에너지와 창의성

인간 두뇌는 에너지 제약 속에서 창의성을 발휘하지만 AI는 에너지 제약 없이 방대한 데이터를 처리하는 창의성을 보여 준다. 대규모 언어 모델은 특정 임계값을 넘어서면 새로운 능력을 나타내며 이를 위해 엄청난 계산 자원과 비용이 필요하다. LLM을 구동시키는 AI 데이터 센터의 전력 수요는 폭증하고 있다.

AI와 야구?

창의성과 에너지 제약

인간 두뇌의 놀라운 창의성은 우리 종의 성공을 이끄는 원동력이었다. 인간의 두뇌는 인류의 성공에 핵심 요인으로 수백만 년에 걸쳐 크기가 세 배로 커졌다. 특히 대뇌 피질의 성장은 언어, 추론 및 문제 해결과 같은 복잡한 기능을 가능케 했다. 하지만 이는 두뇌에 상당한 에너지의 소모를 야기해 뇌 크기가 무한정 커지는 것을 제한했다. 뇌는 체중의 2~3%에 불과하지만 휴식 상태에서 에너지의 25%를 소비한다. 인간은 조리된 음식을 섭취함으로써 소화에 필요한 에너지를 절약하는 등 근육에서 뉴런으로 에너지를 재분배하는 진화 과정을 거쳤다 (Harari, 2011).

인간 두뇌는 제한된 에너지 예산으로 운영되기 때문에 효율성을 극대화하기 위해 끊임없이 노력한다. 마치 한정된 자원을 가진 기업이 효율적인 경영을 추구하는 것과 같다. 두뇌는 모든 정보를 처음부터 분석하는 대신에 과거 경험을 통해 얻은 지식과 패턴을 활용하여 에너지 소비를 최소화한다. 빠르고 효율적인 의사 결정을 위해 두뇌는 '상식'이라는 정신적 지름길을 활용한다. 상식은 반복적인 경험을 통해 형성된 일종의 자동화된 시스템이자 '판단'을 건너뛰는 에너지 절약법으로 복잡한 분석 과정 없이 빠르게 반응하도록 한다. 이는 마치 숙련된 운전자가 복잡한 계산 없이 직관적으로 운전하는 것과 유사하다. 어쨌든 인간 창의성의 발현은 에너지 제약이라는 근본적인 한계가 있다. 즉, 뇌는 개별적으로 사용 가능한 정보더라도 이를 동시에 사용·처리하려 하지 않는다. 또한 여러 자극이 동시에 발생하는 경우에는 선택적으로 주의를 기울인다. 이러한 제한은 멀티태스킹의 어려움이나 장시간의 인지적 노력 후 정신적 피로 같은 인간의 인지적 제약을 이해하는 데 중요한 요소다.

에너지 제약 없는 AI의 창발성

AI는 인간과 달리 창작 활동에 필요한 에너지 제약을 받지 않는다. 즉 비용과 시간만 충분하다면 AI는 엄청난 전력을 소모한다. 예를 들어 알파고와 이세돌의 경기에서 사용된 에너지를 인간의 뇌가 사용하는 것과 비교해 보자. CPU(Central Processing Unit) 1920개와 GPU(Graphics Processing Unit) 280개를 가지고 있는 알파고 시스템은 약 1메가와트의 전력을 소비한 반면 이세돌의 뇌는 20와트만 소비했다. 즉 알파고는 인간 상대보다 약 5만 배 더 많은 에너지를 소비했다(Mattheji, 2016).

LLM은 방대한 텍스트와 코드 데이터 세트로 훈련된

딥러닝 알고리즘으로 인간 언어의 텍스트를 이해하고 생성할 수 있다. LLM은 복잡한 패턴과 관계를 학습하여 정보 요약, 언어 번역, 질문 답변 등 다양한 자연어 처리(Natural Language Processing, NLP) 작업을 수행한다. 미리 정의된 규칙을 가진 알고리즘과 달리 LLM은 신경망 내부의 매개 변수를 조정하여 예측을 개선하도록 훈련된다. 즉 LLM은 훈련 중에 습득한 지식을 수십억 개에 달하는 이러한 매개 변수에 인코딩(저장)한다. 잘 훈련된 LLM의 매개 변수 안에는 인간이 사용한 텍스트들에 잠재된 패턴, 다시 말해 지식이 담겨 있다.

LLM은 훈련 계산량과 모델 매개 변수의 수가 특정 임계값을 넘어서면 갑자기 나타나는 '창발적 능력(emergent abilities)'을 보여 준다(Wei, J., et al., 2022). 이러한 창발성은 소규모 모델에서는 전혀 관찰되지 않는 현상이다. 예를 들어 국제 음성 기호(International Phonetic Alphabet)를 영어 단어로 음역하는 퓨샷(few-shot) 프롬프팅 작업에서 GPT-3 모델은 매개 변수 수가 130억 개에 도달하기 전까지는 관련 없는 문자를 나열하는 무작위 응답을 생성하다가 이 임계값을 넘어서면서 급격한 성능 향상을 보여 줬다. 람다(LaMDA) 모델의 경우엔 680억 개의 매개 변수에서 유사한 창발성이 관찰되었다. LLM의 규모가 커질수록 기존 능력이 향상될 뿐만 아니라 완전히 새로운 능력이 나타날 수 있다는 것은 모델의 경쟁력을 높이기 위해 엄청난 비용을 감당할 수 있어야 한다는 것을 의미한다. GPT-3 훈련에 사용된 GPU 수는 정확히 공개되지 않았지만, 일부 출처에서는 GPU 1만 개를 갖춘 슈퍼컴퓨터에서 훈련됐다고 한다 (Alarcon, 2020).

데이터 센터와 전력 수요 폭증

LLM의 성능을 높이려면 많은 매개 변수를 다루어야 하는데 이는 더 큰 용량의 D램과 GPU를 요구한다. 하지만 LLM의 계산 속도는 D램과 GPU 간의 데이터 전송 속도에 의해 병목 현상을 겪는다. 이러한 한계를 극복하기 위해 여러 개의 HBM(고대역폭, 고용량 D램)과 GPU를 단일 패키지에 통합한 칩렛(chiplet)이 등장하였는데 이를 'AI 가속기'라고 한다. 예를 들어 엔비디아(NVIDIA) AI 가속기인 H100은 GPU 1개, 80GB의 고대역폭 메모리(High Bandwidth Memory, HBM3)가 탑재하고 있으며 한 장당 수천만 원을 호가한다. 2024년 3월, 엔비디아의 CEO 젠슨 황은 회사의 가장 진보된 AI 가속기인 블랙웰을 공개하며 이를 "생성형 AI 산업 혁명을 이끄는 엔진"

이라고 말했다. AI 가속기, CPU, 낸드 플래시 메모리(NAND Flash Memory)를 조립하면 AI 컴퓨터가 된다. 이러한 AI 컴퓨터를 수백 또는 수천 대 모으면 LLM을 실행하는 데이터 센터가 된다.

메타(Meta)의 CEO 마크 저커버그(Mark Zuckerberg)는 일반 인공지능(Artificial General Intelligence, AGI)에 대한 회사의 야심찬 계획을 인스타그램(Instagram)에서 "2024년 말까지 35만 개의 NVIDIA H100 GPU를 구매하여 총 60만 개의 GPU를 운영할 계획"이라고 발표했다(Kan, 2024). 본 기사에서 H100 GPU는 개당 약 3만 달러로 예상하며 35만 개를 구매하는 데 약 105억 달러가 소요될 것으로 예상했다.

AI 모델의 계산 요구량은 10개월마다 두 배로 증가하고 있어 현재 AI는 4.5기가와트 전력을 소비하지만 2028년에는 14~18.7기가와트가 될 것으로 예상하고 있다(Li, Y. et al,, 2024).

참고문헌

Alarcon, N.(2020.7.7). OpenAI Presents GPT-3, a 175 Billion Parameters Language Model. developer.nvidia, https://developer.nvidia.com/blog/openai-presents-gpt-3-a-175-billion-parameters-language-model/

Harari, Y.(2011). Sapiens: a brief history of humankind. 조현욱 옮김(2015). 『사피엔스』. 김영사.

Kan, M.(2024.1.18). Zuckerberg's Meta Is Spending Billions to Buy 350,000 Nvidia H100 GPUs. PCMag, https://www.pcmag.com/news/zuckerbergs-meta-is-spending-billions-to-buy-350000-nvidia-h100-gpus

Li, Y., et al.(2024). The Unseen AI Disruptions for Power Grids: LLM-Induced Transients. arXiv preprint arXiv:2409.11416. https://doi.org/10.48550/arXiv.2409.11416

Mattheji, J.(2016). Another Way Of Looking At Lee Sedol vs AlphaGo. https://jacquesmattheij.com/another-way-of-looking-at-lee-sedol-vs-alphago/

Wei, J., et al,(2022). Emergent Abilities of Large Language Models. arXiv preprint arXiv:2206.07682. https://doi.org/10.48550/arXiv.2206.07682

07
창작의 도천지세와 창의성의 희석화

AI가 생성한 창작물은 현행 법체계에서 저작권이나 특허권 보호를 받기 어려워 '퍼블릭 도메인'으로 간주된다. 이는 창작물의 무상 이용을 확대하지만 창작물의 가치를 떨어뜨리고 창작 활동을 약화시킬 우려가 있다. 존 로크의 노동 가치론에 기반한 지식재산권 체계는 인간 노동의 기여를 전제하기에 AI 창작물의 소유권 귀속 문제는 해결되지 않고 있다. AI 창의성이 인간 창작물의 가치를 희석시키는 상황은 심화될 것이다.

AI와 윤동주?

창작자 원칙

지식재산권은 인간의 창의적 노력에서 비롯된 창작물에 대한 무형의 재산권으로 새로운 아이디어, 기술, 예술적 표현 등 창작 활동을 보호하고 장려하는 제도적 장치다. 이는 창작자의 권익을 보장하고 혁신을 촉진하는 중요한 역할을 한다. 지식재산권에는 대표적으로 저작권과 특허권이 있다. 저작권은 문학, 음악, 미술, 영화 등 다양한 저작물에 대해 창작자에게 배타적 권리를 부여함으로써 창작자의 경제적 이익을 보호하고 문화 발전을 촉진한다. 한편 특허권은 발명의 창작자인 발명자에게 배타적 사용의 권리를 제공하여 기술 개발을 촉진하고 산업 경쟁력을 강화하는 것을 목적으로 한다. 이러한 지식재산권은 창작자에게 정당한 보상을 제공하고, 모방과 도용을 방지하여 보호함으로써 창작 활동을 활성화한다. 또한 권리 이전이나 사용 허락(라이선싱)을 통해 지식 재산의 활용을 촉진하고 궁극적으로 문화, 산업 발전에 기여한다.

저작권과 특허권은 창작물의 창작자에게 원시적으로 부여된다. 우리나라 저작권법 제2조는 저작자를 "저작물을 창작한 자"로 정의하고 있으며, 저작자는 창작 순간부터 저작권을 가지게 된다. 이에 대한 법적 근거는 저작권법 제10조의 "저작자는 저작인격권과 저작재산권을 가진다"라는 규정에서 확인할 수 있다. 특허권 역시 창작자인 발명가에게 "특허를 받을 수 있는 권리"가 원시적으로 부여된다. 특허법 제33조는 "발명을 한 사람 또는 그 승계인은 이 법에서 정하는 바에 따라 특허를 받을 수 있는 권리를 가진다"고 명시하고 있다. 이러한 권리를 가진 발명가는 특허 출원을 통해 특허청 심사관의 심사를 거쳐 특허성이 인정되면 특허권을 취득하게 된다.

저작권은 창작과 동시에 발생하지만 특허권은 특허 심사관이 등록 결정 이후 설정 등록을 통해 효력이 발생한다는 점에서 차이가 있다. 그러나 둘 다 궁극적으로 창작자 즉 발명가나 저작자에게 소유권을 부여한다. 이는 '창작자 원칙'으로 알려져 있으며 창작자가 자신이 창작한 지식 재산의 권리를 인정하는 것이다. 17세기 영국 철학자 존 로크는 그의 저서 『통치론』에서 자연은 모두에게 자원을 제공하지만 개인의 노동은 그 자원을 새롭고 소유할 가치가 있는 것으로 변형시킨다고 주장했다. 근대 시민 사회의 사상적 초석이 된 로크의 '노동 가치론'은 인간의 노동이 가치 창출의 원천임을 말하고 있다. 이러한 그의 이론이 지식 재산 영역에 적용된 것이 '창작자 원칙'인 것이다.

창의성을 발휘한 자가 인간이 아니라면

AI가 창작한 작품에 대한 저작권을 부여할 것인지, 그리고 그 권리를 누구에게 귀속시킬 것인지는 현재 지식재산권 논의의 핵심 쟁점이다. 인간의 창의성이 개입되지 않은 작품의 지식재산권을 승인하는 행위는 인간의 지식 노동 없이 가치가 창출될 수 있음을 인정하는 의미를 지닌다. 이는 근대 시민 사회의 사상적 기반을 근본적으로 흔드는 것이기도 하다.

먼저 미국의 사례를 살펴보자. 미국 저작권법에는 저작자에 대한 요건을 규정하고 있지 않지만 미국 저작권청의 저작권 등록 실무 규정 306조는 인간에 의해 창작된 원본 저작물에 한하여 저작권 등록을 받을 수 있다고 규정하고 있다. 이러한 원칙은 최근 법적 판례를 통해 더욱 명확히 확립되었다. 2018년 4월 미국 법원은 나루토라는 이름의 원숭이가 찍은 셀카 사진에 대해 나루토가 인간이 아니라는 이유로 저작권을 인정하지 않았다. 이로 인해 해당 사진은 누구나 자유롭게 사용할 수 있는 '퍼블릭 도메인(public domain)'으로 귀속되었다. 미국 저작권청은 2022년 2월 '크리에이티브 머신'이란 AI가 생성한 '파라다이스로 가는 최근 입구(A Recent Entrance to Paradise)'라는 미술 작품의 저작권 등록 신청에 대하여 '인간의 저작'이 아니라는 이유로 등록을 거절하였으며 2023년 8월 연방 법원은 이 결정을 지지하며 저작권 보호는 사람이 만든 작품에만 적용된다고 판시했다. 이러한 판례들로 인해 미국에서 인간의 창의적 개입이 미미한 AI 생성 작품들은 보통 퍼블릭 도메인(Public Domain)으로 간주된다. 따라서 위키미디어 커먼즈(Wikimedia Commons) 사이트에는 위 작품이 '퍼블릭 도메인'으로 등재돼 있으며 "이 파일은 컴퓨터 알고리즘 또는 인공지능의 저작물이며 저작권 주장을 뒷받침하기에 충분한 인간의 저작물이 포함되어 있지 않으므로 공공 영역에 속한다"라고 명시되어 있다(WIKIMEDIA COMMONS, 2016).

미국 특허법에서 AI는 특허 출원의 발명자로 등재할 수 없다고 규정하고 있다. 2019년 미국 특허상표청(United States Patent and Trademark Office, USPTO)은 다부스(DABUS)라는 AI를 발명자로 기재한 출원인 스티븐 테일러(Stephen Taylor)의 특허 출원을 거부했다. 2021년 연방 법원이 재차 이 결정을 지지하였으며 현행 특허법에 따라 오직 자연인만이 발명자로 인정된다고 판결했다. 인간의 충분한 기여 없이 AI가 생성한 발명품은 미국에서 특허를 받을 수 없다. 주목할 점은 법원이

AI의 창작 능력을 부인한 것이 아니라 법적 지위를 인정하지 않았다는 것이다. 인간의 창의적 활동이 개입되지 않은 상황에서 AI가 만들어 낸 발명품은 현행 특허법에 의해 보호받을 수 없기 때문에 사실상 공공 영역에 놓이게 된다.

이 부분에서 출원인 스티븐 테일러의 딜레마를 생각해 볼 필요가 있다. AI가 생성한 발명이 매우 혁신적이고 실용적이지만 특허로 보호받을 수 없다면 그가 할 수 있는 조치는 무엇일까? 발명을 공개하지 않고 영업비밀로 보호하고 자기만 그 발명으로 직접 사업을 하거나 타인에게 기술료를 받고 라이선스를 부여하는 것이다. 그러나 스티븐 테일러가 출원했던 발명이 시장에 출시되면 다른 사람이 쉽게 복제할 수 있게 되어 발명을 영업비밀로 보호하기에는 적합하지 않다. 만일 스티븐 테일러가 특허 출원서에 자신을 발명자로 기입하면 어떻게 될까? 보통 특허를 심사할 때에는 특허 출원서의 진정한 발명자가 누구인지 살펴보지 않는다고 한다. 따라서 특허를 받을 수 있을지는 몰라도 그는 진정한 발명자가 아니기 때문에 현행법의 해석상 그 특허는 무효 사유를 가지게 된다.

앞서 설명했듯이 지식재산권은 창작자에게 배타적 재

산권을 부여함으로써 창작을 장려하는 것을 목표로 하는데 AI가 만들어 낸 창의적인 결과물에 대하여 이러한 권리를 부여할 수 없다면 지식재산권법의 근본 목적이 훼손되는 것이다. 반대로 인간의 지식 노동이 개입되지 않은 창작물에 재산권을 부여한다면 근대 시민 사상 체계의 근간이 흔들리게 된다.

AI 창작의 도천지세: 창의성의 희석화

도천지세(滔天之勢)는 큰물이 하늘에까지 차서 넘치는 기세라는 말이다. AI에 의한 창작의 도천지세는 인간의 창의성을 희석시키고 있다.

한국음악저작권협회가 AI 작곡 프로그램 '이봄(EvoM)'이 만든 음악에 대한 저작권료 지급을 중단하면서 AI 생성물의 저작권 인정 여부가 현실에서 논쟁을 넘어 커다란 사회적, 문화적, 경제적 이슈를 제기하고 있다. 협회는 2022년 7월부터 AI 작곡 프로그램 '이봄'이 저작권자로 등록된 가수 홍진영의 노래 〈사랑의 24시간〉을 포함한 6곡에 대한 저작권료 지급을 중단했다(박설민, 2022). 이는 AI가 만든 창작물이 현행 저작권법에서 규정하는 "저작물"로 인정될 수 없다는 협회의 판단에 따른 것이다. 다시 말해 AI가 창의력을 발휘해 아무리 뛰어난 음악을 만들어도 현행법상 저작권 보호를 받을 수 없다는 뜻이다.

이 문제는 AI 생성물의 법적 지위에 대한 논란을 넘어서 더 광범위한 사회적, 경제적, 문화적 문제를 야기하고 있다. AI 기술이 발전하면서 AI 생성물이 도천지세로 급증하고 있지만 이러한 창작물이 저작권으로 보호받지 못하면 모두 '퍼블릭 도메인'으로 간주돼 누구나 무료로 사용할 수 있게 된다. 이는 창의적이고 아무리 뛰어난 작품이더라도 AI가 만들었다면 대가를 받지 못한 채 공짜로 유통될 가능성을 높인다.

이 같은 상황은 양면성을 지닌다. 무료로 사용할 수 있는 창작물이 늘어나면 사용자들에게 이익이 될 수 있지만 이는 인간 창작물의 경제적 가치를 떨어뜨리고 창작 의욕을 저하시킬 위험이 있다. 다시 말하면 예술가, 사진가, 발명가 등 인간 창작자의 가치와 일자리가 위협받는 것이다. 인간 창작물과 AI 생성물의 경계가 모호한 상황에서 AI 생성물이 무분별하게 확산되면 결국 인간 창작의 가치가 희석된다.

존 로크가 제창한 '노동 가치론'은 상품 가치가 주로 생산에 투입된 인간의 노동에 의해 결정된다고 설명한다. 로크는 자연 그 자체로는 인류에게 거의 가치를 제공하지 않으며, 인간의 노동이 원재료를 유용하고 가치 있는 상품으로 변환한다고 주장했다(Vaughn, 1978). 그는 노동이 '우리가 이 세상에서 향유하는 것들의 가치 대부분을 만들어 낸다'고 믿었다. 존 로크의 노동 가치론을 간략히 요약하자면 '노동이 사물에 가치를 부여하고, 노동을 통해 만들어진 재산에 대한 노동자의 소유권은 정당하다'는 것이다. 그렇다면 챗GPT가 생성한 창작물에 가치를 부여하는 자는 누구인가? AI를 설계한 알고리즘 설계자인가? 데이터로 챗GPT를 훈련시킨 자인가? 아니면 생성형 AI의 경우 프롬프트 입력자인가? 아니면 인간이 아닌 기계 자체인가?

이세돌은 2024년 구글코리아와 인터뷰에서 "인공지능이 (자기의) 은퇴에 많은 부분을 차지했다"며 "다시 태어나면 바둑은 취미로 즐기고 AI를 만드는 사람이 되고 싶다"라고 말했다(Google Korea, 2024). 그는 AI의 등장으로 바둑이 마치 답안지를 보고 정답을 맞히는 것처럼 변질되어 예술성이 퇴색되었다고 지적했다. 또한 AI가 완벽한 기보를 만들어 냄으로써 인간이 만든 과거의 기보는 바둑 역사를 학습하는 용도 외에는 특별한 가치가 없어졌다고 말했다. AI가 완벽한 기보를 만들기 때문에 AI로 바둑을 학습하는 것이 당연하다는 설명이다.

마치 햇빛에 가려진 별빛처럼 AI 창의성 앞에서 인간 창의성은 빛을 잃고 있다. 그는 "사람들은 창의성, 독창성, 혁신에 경외감을 느꼈었습니다. 하지만 AI가 등장한 이후로 그런 것들이 많이 사라졌습니다"라고 말했다(New York Times, 2024).

참고문헌

박설민(2022.10.16.). 인공지능 작곡가 '이봄'이 저작권료 못 받게 된 이유, ≪THE AI≫, https://www.newstheai.com/news/articleView.html?idxno=3447

Google Korea(2024), https://www.youtube.com/watch?v=arCR-CuHLM0

New York Times(2024.7.10). Defeated by A.I., a Legend in the Board Game Go Warns: Get Ready for What's Next, https://www.nytimes.com/2024/07/10/world/asia/lee-saedol-go-ai.html

Vaughn, K.(1978). John Locke and the labor theory of value. *Journal of Libertarian Studies, 2*(4), 311~326.

WIKIMEDIA COMMONS(2016). This file is in the public domain because it is the work of a computer algorithm or artificial intelligence and does not contain sufficient human authorship to support a copyright claim, https://commons.wikimedia.org/wiki/File:A_Recent_Entrance_to_Paradise.jpg

08
누구의 창작인가

AI 산출물의 창작 기여도는 인간과 AI의 역할에 따라 구분되며, 인간의 창작적 기여가 중요할 경우에만 저작권이나 발명자 지위를 인정받을 수 있다. 그러나 생성형 AI 기술 발전으로 인간의 기여도는 감소하고 AI의 역할이 증가하면서 인간이 창작자로 인정받는 영역이 줄어들고 있다. 이는 인간의 창작 기여도가 0에 수렴할 경우에 지식재산권 창작자에 대한 법적 판단 문제를 야기하며 소유권 제도에 기반한 근대 민법 체계의 근간을 흔들 수 있다.

AI와 한의학?

공동 창작론과 창작 기여도

AI 생성물은 AI와 인간의 공동 작업의 결과물로 볼 수 있다. 아직 AI가 스스로 목표를 설정하고 결과물을 만들어내는 단계에 이르지 못했고, 인간의 조작 또는 개입을 통해 결과물을 산출하는 경우가 대부분이다. 이러한 AI 생성물의 법적 성격을 판단하기 위해서는 AI의 창작 기여도를 고려해야 한다.

AI 생성물에 대한 인간의 창작 기여도에 따라 세 가지 유형으로 분류할 수 있다(김윤명, 2023). 첫째, 인간이 AI를 도구로 활용하여 창작에 적극적으로 참여하는 도구형 AI, 둘째, 인간이 AI에 명령어를 입력하여 결과물을 얻는 지시형 AI, 셋째, AI가 스스로 판단하여 결과물을 생성하는 자율형 AI다. '창작자 원칙'에 따르면 도구형 AI는 인간에 의한 창작으로 인정되어 저작권이 성립하지만 창작 주체가 AI가 간주되는 지시형 AI와 자율형 AI는 현행법상 저작권이 성립하지 않는다(김윤명, 2023).

하지만 현실에서는 AI의 창작 기여도가 있거나(100%) 혹은 없거나(0%)로 이분법적으로 적용하기 어려운 경우가 많다. 예를 들어 그림을 생성하는 AI와 인간이 협업한 경우가 그렇다. 인간은 AI에 특정 화풍(예: 인상파)과 주제(예: 해바라기)를 입력하고, AI는 이를 바탕으로 이미지 여러 장을 생성한다. 인간은 AI가 생성한 이미지들 중 하나를 선택하고, 이를 직접 수정하거나 추가 요소를 그려 넣어 완성도를 높인다. 이렇게 해서 최종 완성된 그림에 AI 혹은 인간 어느 한쪽에게 100%의 창작 기여도를 부여하는 것은 타당하다고 보기 어렵다.

실제 공동 창작의 경우에도 창작 기여도에 따라 지분을 설정하지만 이에 대한 판단이 매우 복잡해 종종 분쟁으로 이어진다. 저작권법에서는 공동 저작물, 특허법에서는 공동 발명이 그 예다. 저작권법은 제2조에서 2명 이상이 공동으로 창작한 저작물로서 각자가 이바지한 부분을 분리하여 이용할 수 없는 것이라고 공동 저작물을 정의하고, 제48조에서 공동 저작물의 이용에 따른 이익은 공동 저작자 간에 특약이 없는 경우에는 저작물의 창작에 기여한 정도에 따라 배분한다고 규정한다. 특허법도 제33조 제2항에서 2명 이상이 공동으로 발명한 경우에는 특허를 받을 수 있는 권리를 공유한다고 규정한다.

공동 창작자 판단 기준: 저작권의 경우

저작권법에서는 창작물의 표현 행위에 실질적으로 기여한 자를 창작자(저작권법에서는 '저작자')로 인정한다. 대법원 2009. 12. 10. 선고 2007도7181 판결에서 다음과 같은 경우에는 저작자가 될 수 없다고 판결했다. 첫째, 창작을 위한 아이디어나 소재, 동기를 제공한 자는 저작자가 아니다. 창작적인 표현 형식에 기여하지 않고 아이디어나 소재 등을 제공하는 데 그친 경우, 저작자로 인정되지 않았다. 둘째, 창작을 의뢰하거나 주문한 자 역시 저작자가 아니다. 단, 의뢰·주문 시 기획이나 구상 또는 실체적 조언 등이 영향을 미쳐 실제 창작에 반영된 부분이 단순히 아이디어의 영역이 아니라 창작성 있는 표현의 영역에 속하면 공동 저작자로 인정할 수 있다(이해완, 2019). 셋째, 단순히 보조적인 역할을 수행한 자도 저작자로 인정되지 않는다. 저작물을 작성할 때 저작자의 지휘·감독하에 그의 손발이 되어 작업에 종사한 자는 저작자의 창작 활동을 돕는 데 불과하고 스스로의 창의성에 기해서 제작에 힘쓰는 자가 아니기 때문이다(오승종, 2013).

문제는 생성형 AI 기술이 발전함에 따라 인간과 AI의 협업 과정에서 인간의 창작 기여도가 점차 감소하고 있다는 점이다. 즉, 과거에는 인간이 주도적으로 창작 활동을 했지만 이제는 인간의 기여가 이 세 가지 유형 중 하나에 속하는 일이 많아졌다. 이를테면 챗GPT에서 그림이나 글쓰기 작업을 할 때 단순한 아이디어나 소재를 제공하거나 단순히 프롬프트를 입력하는 경우가 그렇다. 또한 AI도 단순히 '도구형 AI'로서 보조적인 역할을 넘어서는 경우가 빈번해지고 있다. 즉 생성형 AI 기술이 발전함에 따라 AI 창작 능력은 점차 발전하고 있는 반면에 인간의 기여도는 0으로 수렴하고 있다. 최근 어느 공대 학생들을 대상으로 한 설문을 통해 챗GPT가 필수 교양 과목의 에세이 과제에 얼마나 기여했는지가 조사됐다. 응답자의 33.3%가 챗GPT의 기여도가 50% 이상이라고 답했고, 71.4%는 25% 이상이라고 응답했다. 심지어 챗GPT 기여도를 100%라고 응답한 학생도 있었다(왕비 외, 2024).

공동 발명자 판단 기준: 특허권의 경우

현행법 체계에서 발명 창작자인 발명자의 지위 확정과 관련된 문제는 공동 발명자 지위에 대한 인정 여부다. 대법원은 2011. 7. 28. 선고 2009다75178 판결에서 공동 발명자의 지위에 대해 "발명의 완성을 위해 실질적으로 상호 협력하는 관계가 있어야 한다"라고 판시하였다. 동 판결에서 다음과 같은 경우는 발명자의 지위를 인정하지 않았다. 1) 단순히 발명에 대한 기본적인 과제와 아이디어만 제공했거나 2) 연구자를 일반적으로 관리했거나 3)

연구자 지시로 데이터 정리와 실험만 했거나 4) 자금·설비 등을 제공하여 발명의 완성을 후원·위탁하는 수준에 그친 경우다. 반면에 다음 3가지 사례는 발명자의 지위를 인정했다. 1) 발명의 기술적 과제를 해결하기 위한 구체적인 착상을 새롭게 제시·부가·보완하거나 2) 실험 등을 통하여 새로운 착상을 구체화하거나 3) 발명의 목적 및 효과를 달성하기 위한 구체적인 수단과 방법 제공 또는 구체적인 조언·지도를 통해 발명을 가능케 한 경우다. 즉 기술적 사상의 창작 행위에 실질적으로 기여하기에 이르러야 공동 발명자에 해당한다고 판시했다.

흥미로운 점은 과거 대법원이 발명자로 인정하지 않았던 4가지 역할, 즉 아이디어 제공, 연구 관리, 데이터 정리 및 실험, 자금 및 설비 지원 등이 AI와의 협업 시에는 오히려 인간이 수행하는 주된 역할이 될 가능성이 높다는 것이다. 반대로 AI는 발명자로 인정받았던 3가지 분야, 즉 새로운 착상 제시, 착상 구체화, 구체적인 수단 및 방법 제공 등에서 외려 강점을 보이며 인간의 역할을 대체해 나가고 있다. AI는 방대한 데이터 분석을 통해 새로운 착상을 제시하고, 시뮬레이션을 통해 이를 구체화하며 최적의 설계 및 알고리즘을 통해 구체적인 수단과 방법을 제공할 수 있다.

예를 들어 신약 개발 분야에서 AI는 인간이라면 학습할 수 없는 방대한 화합물 데이터의 약효에 대한 논문들을 학습·분석하여 특정 질병에 효과적인 신약 물질 후보를 선정하고, 분자 시뮬레이션을 통해 약물 효능과 안전성을 예측하며, 임상 시험 디자인을 최적화할 수 있다. 이러한 상황에서 인간은 AI에게 단순히 데이터를 제공하고, AI가 생성한 결과물을 평가하며, 최종 의사 결정을 내리지만 여기에 특별한 창의성이 요구되는 것은 아니다. 이처럼 AI는 발명 과정의 여러 단계에서 인간의 창의성을 뛰어넘는 잠재력을 지니고 있으며 앞으로 그 역할은 더욱 확대될 것으로 전망된다.

결론적으로 창작과 발명 영역에서 인간의 기여도는 0으로 수렴하고 있다.

참고문헌

김윤명(2023). AI생성물의 저작권 등록의 입법방안. ≪입법과 정책≫, 169~196쪽.

오승종(2013). 『저작권법』(3판), 박영사.

왕비 외(2024). 공학교육에서 ChatGPT 활용의 실태 및 영향: 학습자 중심의 접근. ≪공학교육연구≫, 3~13쪽.

이해완(2019). 『저작권법』(4판), 박영사.

09
AI 시대 창의성의 법적 판단

저작권과 특허권이 성립하기 위해서는 '창의성' 판단이 이루어진다. 저작권은 AI 생성물의 '독자적 작성'과 '창조적 개성'을 평가하지만 AI의 창작에서 이를 평가하기는 어렵다. 특허권에서는 AI가 창출한 발명을 인간 발명과 동일한 기준으로 평가해야 하는지 논란이 있으며, AI를 활용하여 누구나 손쉽게 발명할 수 있으므로 발명의 진보성 판단의 잣대를 재정의해야 한다. 즉, AI 기술 발전은 창의성의 판단 기준을 재조정하고 이에 따라 기존 법체계의 수정을 요구하고 있다.

AI와 화장품?

저작권법상 창작성에 대한 판단

저작권은 저작자가 자기 작품에 대해 갖는 배타적 권리다. 저작권은 특허권과 달리 창작과 동시에 발생하며 별도의 등록 절차를 필요로 하지 않는다. 그러나 저작권 관련 분쟁이 발생할 경우, 해당 작품이 저작권법의 보호 대상인지, 즉 저작권이 그 작품에 실제로 성립하는지 여부가 쟁점이 된다. 이때 아무 작품에나 저작권을 부여할 수 없는 만큼 저작권이 부여되는 요건이 필요하다. 저작권법 제2조 제1호는 저작물을 '인간의 사상 또는 감정을 표현한 창작물'로 정의하고 있으며, 이를 통해 저작권이 성립되기 위한 요건으로 '창작성'을 요구하고 있다.

대법원 2017. 11. 9. 선고 2014다49180 판결에서 "창작성이 인정되려면 적어도 어떠한 작품이 단순히 남의 것을 모방한 것이어서는 아니 되고 사상이나 감정에 대한 작자 자신의 독자적인 표현을 담고 있어야 한다. 그리하여 누가 하더라도 같거나 비슷할 수밖에 없는 표현, 즉 저작물 작성자의 창조적 개성이 드러나지 아니하는 표현을 담고 있는 것은 창작성이 있다고 할 수 없다"라고 저작권법상의 창작성을 해석하였다. 즉 저작권법에서 보호받는 저작물이 성립되기 위해서는 '창작성 = 독자적 작성 + 창조적 개성'으로 본다(오승종, 2013). 여기서 1)

'독자적 작성'은 남의 것을 모방하지 않는 것이고 2) '창조적 개성'은 사상이나 감정에 대한 작자 자신의 독자적인 표현을 담고 있으며 누가 하더라도 같거나 비슷할 수밖에 없는 표현이 아니어야 함을 말한다.

1) 독자적 작성: 남의 것을 베끼지 않고 스스로 저작했다는 것을 의미한다. 즉 갑이 어떤 소설을 완성하기 전까지 그 내용과 등장인물까지 동일한 을의 소설을 듣지도 보지도 못했다면 갑의 소설은 '독자적 작성'으로 인정된다. AI 생성물에 대한 '독자적 작성'을 판단하는 것은 새로운 과제다. 챗GPT와 같은 생성형 대규모 언어 모델은 방대한 텍스트 데이터를 학습하고 그 패턴을 매개 변수에 인코딩하여 저장한 후, 이 매개 변수를 기반으로 디코딩을 수행해 새로운 텍스트를 생성한다. 이 과정에서 학습 데이터에 포함된 특정 작품의 표현이나 아이디어가 AI가 생성하는 텍스트에 영향을 미칠 수 있다. 문제는 AI가 학습 데이터를 단순히 모방하는 것이 아니라 학습한 패턴을 기반으로 자기 스스로 새로운 텍스트를 생성한다는 점이다. '모방'과 '창작'의 경계가 모호해지는 것이다. AI 학습을 위한 텍스트 데이터는 곧 고갈될 것이라는 보고가 있다(Jones, 2024). 그런데 충분한 비용과 시간만 들인다면 이론적으로 AI가 인류가 작성한 모든 작품

을 학습할 수 있다. 그렇다면 이 경우 AI가 생성한 모든 텍스트의 '독자적 작성'을 부인해야 하는가?

2) 창조적 개성: 본 요건은 작성자의 창조적 개성이 드러나야 하고, 누가 하더라도 같거나 비슷한 표현이 아니어야 하는 것으로 나눠 볼 수 있다. 첫 번째 요건은 '작성자'를 인간으로 보는 것이 타당해 AI 생성물에 이 요건을 엄격히 적용하면 창작성이 인정되기 어렵다. 왜냐하면 AI에게는 개성이 없기 때문이다. 두 번째 요건은 생성물 내용 자체를 대상으로 판단하는 것이므로 AI 생성물이더라도 법적 해석에 어려움은 없다. 그러나 AI 기술의 발전으로 이러한 요건을 만족시킬 수 있는 생성물들이 쉽게 무수히 출현할 수 있을 것으로 보인다. AI 생성물의 경우, 단순히 실행 버튼을 누름으로써 기계적으로 많은 양의 작품을 순식간에 만들어 낼 수 있기 때문에 창작성 기준을 상향 조정할 필요성이 제기된다(정원준, 2019). AI 생성물에 대하여 인간의 작품 대비 창작성을 차별화하는 것이 실효적으로 가능한지는 별론으로 하고, 이 경우 저작권이 인정되지 않는 창의적인 퍼블릭 도메인의 저작물이 급증하겠지만 궁극적으로 저작권 자체가 희석화될 것이다.

AI 발명의 창의성 판단

특허권은 특허 출원과 심사 과정을 거쳐 특허 결정을 받은 후 설정·등록함으로써 발생한다. 특허가 부여되면 일정 기간 동안 특허권자에게 발명에 대한 배타적 권리가 주어지며, 이를 통해 기술 사업화 또는 라이선스를 통한 타인의 사용을 허락하여 기술료를 획득할 수 있다. 특허권을 부여하는 이유는 이러한 인센티브를 통해 발명가의 새로운 아이디어 및 기술 개발을 장려하고, 특허청이 발행하는 특허 문헌의 공개를 통해 기술의 광범위한 활용을 장려함으로써 기술 발전을 촉진하기 위함이다.

특허권에 배타적 권리를 부여하는 만큼 아무 발명에나 특허를 부여하지 않는다. 가장 핵심적인 특허 등록 요건은 신규성과 진보성이다. 신규성은 발명이 출원 전에 공개되거나 공지되지 않은 것을 의미한다. 발명을 공개한 대가로 특허권을 부여하는 것인 만큼 신규성은 당연한 특허 요건이라 할 수 있다. 진보성은 특허 출원 시점에서 '통상의 기술자'가 쉽게 생각해 낼 수 없는 정도를 말한다. 특허법에서 '통상의 기술자'는 특정 기술 분야에서 평균적인 지식과 기술을 가진 가상의 인물을 의미한다.

이 개념은 발명이 충분한 창의성을 가지고 있어 특허

보호를 받을 자격이 있는지 판단하는 데 중요하며 특허를 받지 못하는 이유의 90% 이상을 차지한다. 특허 출원된 발명이 '통상의 기술자'가 출원 시점에서 기존 기술을 바탕으로 쉽게 생각해 낼 수 있는 것은 특허로 인정되지 않는다.

AI의 발전은 특허 요건 적용에 새로운 질문을 제기한다. 주요 문제는 AI에 의해 완성된 발명을 인간의 발명과 동일한 기준으로 평가할 수 있는지 여부다. 현행 특허법상 AI는 발명자로 인정되지 않으므로 AI가 실질적인 발명자인 경우에는 특허권이 부여되지 않는다. 이는 특허 등록의 주체적 요건과 관련된 제한이다. 특허 발명의 신규성과 진보성은 발명의 창의성을 판단하기 위한 실체적 요건이다.

일부는 AI가 생성한 발명의 신규성과 진보성을 평가할 때 인간의 발명보다 더 엄격한 기준을 적용해야 한다고 주장한다. 존 로크의 노동 가치론에 기반한 이 관점은 인간의 지식 노동이 기여하지 않은 발명에 재산권을 부여하는 것이 타당하지 않다는 것이다. 그러나 이 접근은 현실적으로 실행 가능하지 않다. 왜냐하면 AI 시스템 운영자가 해당 발명을 자신의 것으로 출원할 경우, 출원 명세서만으로는 그 발명이 AI에서 기인했는지 인간에서 기인했는지 사실상 구분하기 불가능하기 때문이다(최승재, 2022). 또한 AI 발명이 아무리 혁신적이더라도 인간의 발명에 비해 특허가 등록되지 않는다면 특허 출원을 위축시켜 특허 제도의 목적인 기술 공개 장려와 기술 발전 촉진에 반하기 때문이다.

AI 기술의 발전은 '통상의 기술자' 개념의 재정의를 요구한다. 예를 들어 특허 심사관이 명세서의 특허 청구 항에 적힌 해결해야 할 과제를 AI에 입력했을 때, AI가 해당 발명과 동일한 발명을 도출한다면 어떻게 될까? 앞서 서술했듯이 해결해야 할 과제를 설정하는 행위만으로는 '발명의 기여도'가 인정되지 않을 것이다. 따라서 심사관은 해당 발명을 '통상의 기술자'가 쉽게 생각해 낼 수 있는 것으로 판단하려 할 것이다. 그런데 AI 활용을 포함하여 '통상의 기술자'를 재정의한다면 인간이 스스로 애써 발명한 것일지라도 진보성을 인정받지 못할 수도 있다. AI가 할 수 있는 일은 더 이상 특별한 창의성을 요하지 않는 것으로 판단될 수 있기 때문이다. AI에 의한 창작의 민주화는 창의성을 희석시킨다. 결국 기계의 능력에 비추어 인간 창작물의 가치를 판단하는 것은 인간의 본질적 가치에 대한 질문을 던진다.

참고문헌

오승종(2013). 『저작권법』(3판), 박영사.

정원준(2019). 인공지능 창작물의 보호에 관한 법적 쟁점과 정책적 과제. ≪정보통신방송정책≫, 1~27쪽.

최승재(2022). 『AI 발명에 대한 법적 보호 방안에 대한 연구』, 특허청.

한지영(2021). 인공지능 관련 발명의 특허성에 관한 국제적 논의 및 주요 쟁점에 관한 고찰. ≪문화미디어엔터테인먼트법≫, 31~64쪽.

Jones, N.(2024). The AI revolution is running out of data. What can researchers do?. *Nature, 636*(8042), 290~292.

10
AI 창의성의 그림자

AI의 창의성이 인간을 능가할 경우 일자리 감소, 인간의 창의성 퇴화, 창작물에 인간적인 요소 결여 등 여러 문제가 발생할 수 있다. AI 생성물은 인간의 경험과 감정을 반영하지 않아 인간성이 상실된 작품이 범람하고, 물리 법칙에 위배되는 비현실적인 결과물이 나올 수 있다. 또한 AI 생성물이 반복적으로 AI 훈련에 활용되면 현실성이 떨어져 모델 붕괴 현상이 발생할 수 있다. 결국 인간의 가치 평가 없이 유통되는 AI 창작물은 창의성의 선순환을 끊고 인류 문명 발전의 근본적 작동 원리를 붕괴시킬 위험이 있다.

종교와 AI?

기계화의 그림자

AI의 창의성이 모든 영역에서 인간을 능가한다면 어떤 문제가 있을까? 창의성이 풍요로운 사회가 펼쳐질 것인가? 가장 많이 회자되는 문제는 관련 일자리가 사라지는 것이다. AI가 창작물의 주요 원천이 되면 인간이 만든 예술과 아이디어의 가치는 하락한다. AI 생성 콘텐츠의 접근성과 비용 효율이 높아지면 예술가와 발명가를 포함한 창의적 전문가들의 일자리 증발로 이어질 수 있다. 창의적 작업의 경제 가치가 희석되어 창의성에 의존하는 산업의 붕괴를 야기할 수 있다.

다음으로 인간 창의성의 진화적 퇴보가 우려된다. 창의성은 인간 종이 진화의 역사 속에서 살아남을 수 있었던 핵심 원동력이었다. 그러나 창의적 작업을 AI에 외주화할 경우, 인간의 비판적 사고, 발산적 사고, 문제 해결 능력 등 창의적 역량이 퇴화할 위험이 있다. 실제로 최근 발표된 연구는 약 10만 년 전부터 인간 두개골 내부의 부피는 감소해 왔는데, 이는 언어의 갑작스러운 출현으로 인해 상징적 사고가 발달하여 정보를 좀 더 효율적으로 처리할 수 있게 되었기 때문이라고 주장했다(Tattersall, 2023). 다른 연구자들은 지식을 인간 두뇌가 아닌 외부에 저장 · 공유하는 '외부화'와 집단 수준의 의사 결정이

뇌 크기 감소에 기여했다고 주장했다(DeSilva, J., et al., 2021). 이처럼 창의적인 작업이 외주화된다면 인간 두뇌의 창의성이 퇴화되는 결과로 이어질 것이다.

예술 작품에서 인간성이 상실되거나 인간적 요소가 결여되는 현상이 발생할 수 있다. 예술은 인간의 사상과 감정을 표현하는 매개체로서 개별적 인간의 경험과 복잡한 감정적 서사를 기반으로 한다. 그러나 AI에는 인간만이 가진 개별성과 주관성이 내재하지 않기 때문에 AI가 생성한 작품은 인간의 삶과 유리되거나 공감대를 형성하기 어려운 결과물로 이어질 가능성이 크다. AI가 소설을 작성할 때, 정교한 서사 구조와 흥미로운 플롯을 구성할 수 있지만 인간의 개인적 경험에서 우러나오는 미묘한 감정은 제대로 반영하지 못한다. 예를 들어 인간 작가가 전쟁 후 외상 후 스트레스 장애(Post Traumatic Stress Disorder, PTSD)를 겪는 캐릭터를 쓸 때, 실제 경험이나 깊은 이해를 바탕으로 한 감정적 디테일을 표현할 수 있다. 반면, AI가 생성한 내용은 데이터 기반 패턴에 의존하기 때문에 표면적으로는 완벽해 보여도 독자의 마음을 깊이 울리는 감정적 여운을 담기 어려울 수 있다.

AI 생성물은 현실 세계의 물리 법칙에 어긋나는 표현

을 만들어 낼 수 있다. 이는 현실에서 물리 법칙에 위배되는 내용이 AI 창작물에 포함되는 문제로 이어진다. 예를 들어 동영상에서 그림자는 조명과 피사체의 상대적 위치에 따라 형성되어야 하지만 그림자 자체가 전혀 나타나지 않는 경우가 발생할 수 있다. 또 다른 사례로 AI가 생성한 건축물 이미지는 중력 법칙을 무시한 비현실적인 구조를 포함할 수 있는데, 이는 실제로 지어질 수 없는 디자인임에도 겉보기에는 아름다워 보인다. 이러한 물리적 부조화는 특히 광고나 시각 예술에서 신뢰성을 저하시키고 관찰자에게 디지털 멀미를 유발한다. AI 생성 콘텐츠의 현실 세계의 물리 법칙과 부조화의 문제점을 극복하기 위하여 대형 세계 모델(Large World Model, LWM)이 개발되고 있다. LWM은 실제 3차원 공간 데이터를 학습하여 물리적 특성과 공간 관계를 이해하는 '공간 지능'을 기반으로 사물, 환경 및 관계를 인식함으로써 인간처럼 3D 세계를 이해하고 상호 작용하게 한다(AI타임스, 2024).

AI 생성물이 다른 AI의 학습 데이터로 활용되면 심각한 문제가 발생할 수 있다. 일론 머스크(Elon Musk)는 한 인터뷰를 통해 "우리는 이제 AI 훈련에서 누적된 인간 지식의 총합을 고갈시켰다"라며 "이 문제는 지난해에 발생했다"고 말했다. 그러면서 합성 데이터를 해결책으로 들었다. "이를 보완하는 유일한 방법은 AI가 만드는 합성 데이터"라며 "합성 데이터를 사용하면 AI가 스스로를 평가하고 자체 학습 과정을 거칠 것"이라고 설명했다(임대준, 2025).

그러나 AI가 합성 데이터로 학습하게 되면 매우 위험한 일이 일어날 수 있다. 생성형 AI 모델이 자신이 생성한 이미지를 반복적으로 학습하면 데이터의 품질이 왜곡되고 다양성이 점차 감소하는 현상이 나타난다. 이는 모델 붕괴(Model Collapse)로 불리며 AI 모델의 성능과 신뢰성을 크게 저하시킨다.

한 연구에 따르면, 훈련 데이터의 단 3%만이 자체 생성된 데이터로 구성되어도 모델 붕괴가 발생할 수 있다. 더욱이 한 번 손상된 모델은 이후 실제 데이터로만 학습하더라도 원래 상태로 복구되지 않는 것으로 밝혀졌다(Bohacek & Farid, 2023). 예를 들어 이미지 생성 AI가 반복적으로 자신이 만든 이미지로 학습하면 초기에는 다양하고 정교한 이미지를 생성하더라도 시간이 지날수록 데이터 품질이 단조로워지고 생성물의 창의성과 현실성이 크게 떨어지게 된다.

창의성 선순환의 붕괴

가장 우려스러운 점은 인간의 평가를 거치지 않는 창작물이 넘쳐나는 경우다. 컴퓨터 창의성 연구의 선구자 마거릿 보든은 창의성을 '새롭고 가치 있는 아이디어를 창출하는 능력'으로 정의하며, '가치'는 흥미, 아름다움, 단순성 등 여러 가지 의미를 가질 수 있다고 말했다(Boden, 2009). 예술 작품의 창의성은 창작 시점에 예술가에 의해 본질적으로 부여되는 것이 아니라 사후(事後) 평가를 통해 사회에 승인되는 과정을 거친다.

"내 작품이 팔리지 않아도 어쩔 수 없지. 그렇지만 언젠가는 사람들도 내 그림이 거기에 사용한 물감보다 더 한 가치가 있다는 사실을 알게 될 거야." 빈센트 반 고흐(Vincent van Gogh)가 동생에게 보낸 편지에서 한 말이다(이정아, 2024). 고흐의 작품들은 과감하고 강렬한 색채 사용, 독특한 붓 터치로 시대를 앞서는 새로움으로 당대에는 인정받지 못했지만 후대에 와서야 비로소 가치를 인정받고 명작으로 살아남았다. 의술의 아버지 히포크라테스(Hippocrates)가 한 "인생은 짧고 예술은 길다(Life is short and art is long)"라는 말은 애초 의도와 달리 "예술가가 죽더라도 그의 예술은 불멸한다"는 뜻으로 통용된다. 하지만 모든 작품이 불멸하는 것은 아니다.

어떤 작품이 불멸의 존재로 남으려면 인간 사회에서 그 가치를 평가받고 선택받아야 하기 때문이다.

밀레(Millet)의 '씨 뿌리는 사람'은 1850년 작품으로 농부가 넓은 들판에 씨앗을 뿌리는 모습을 사실적으로 묘사한 그림이다. 고흐는 밀레를 매우 존경했으며 그의 작품에서 농부들의 삶에 대한 진실된 묘사에 깊은 감명을 받았다. 고흐는 밀레의 '씨 뿌리는 사람'을 여러 번 모사했는데, 특히 1888년 작품에서는 밀레의 작품과 유사한 구도를 유지하면서도 자신만의 강렬한 색채와 힘찬 붓터치를 사용하여 역동성을 더했다. 고흐는 밀레의 작품을 높이 평가하고 예술적 영감으로 삼았기에 그의 그림 속에는 밀레의 작품이 여전히 살아 있다. 이처럼 인간 창의성의 산물인 예술과 지식은 그 가치가 후대에 평가되어 가치가 있는 것일수록 살아남는 선순환의 긍정적 피드백으로 축적된다. 즉, 창의성의 선순환 구조 속에서는 '쓰레기' 같은 생성물은 예술 작품으로 축적되지 않는다.

그런데 AI가 생성한 작품들은 인간의 평가를 거치지 않고도 쉽게 유통될 수 있다. 디지털 데이터 특성상 복제와 저장이 쉽고 데이터 크롤링을 통해 방대한 양의 데이터에 쉽게 접근할 수 있기 때문이다. 인간의 가치 판단 단계가 생략된 AI 작품의 범람은 창의성의 빈곤, 더 나아가 인간 고유의 창의성을 침식하는 현상으로 이어질 수 있다. 왜냐하면 가치 평가를 거치지 않은 AI이 자품에는 '창의성의 선순환' 구조가 작동하지 않기 때문이다. 인간의 가치 평가를 받지 않은 AI 창작물이 범람한다면 인간의 창의성은 희석되어 증발할 수 있다.

참고문헌

이정아(2024.8.25). 제기랄, 온통 노랑이야!" 경멸할 땐 언제고…208만배 몸값 '들썩'. ≪헤럴드경제≫, https://biz.heraldcorp.com/article/3460688

임대준(2025.1.9). AI 훈련 데이터 지난해 이미 고갈…합성 데이터가 보완책. AI타임스, https://www.aitimes.com/news/articleView.html?idxno=167004

AI타임스(2024.12.6). 구글도 '월드 모델' 공개…첫 타깃은 게임? AI타임스, https://www.aitimes.com/news/articleView.html?idxno=165937&utm_source=chatgpt.com

Boden, M.(2009). Computer Models of Creativity. *AI Magazine*, *30*(3), 23.

Bohacek, M. & Farid, H.(2023). Nepotistically Trained Generative-AI Models Collapse. arXiv preprint arXiv:2311.12202, https://doi.org/10.48550/arXiv.2311.12202

DeSilva, J., et al.(2021). When and why did human brains decrease in size? A new change-point analysis and insights from brain evolution in ants. *Frontiers in Ecology and Evolution, 9,* 742639.

Tattersall, I.(2023.5.30). Endocranial volumes and human evolution. *F1000Res,* ;12:565. doi: 10.12688/f1000research.131636.1. PMID: 37744765; PMCID: PMC10517302.

부경호

한국에너지공과대학교 에너지공학부 교수다. 서울대학교에서 물리학 학사·석사·박사, KAIST 문술미래전략대학원에서 미래학 석사 및 한국방송통신대학교에서 법학 학사를 받았다. 미국립표준기술원(NIST) 연구원을 거쳐 삼성전자 반도체연구소에서 차세대 반도체를 개발했다. 특허청에서 특허 심사관으로 복무하면서 '창의성'에 대한 관심을 키워 왔다. 주요 저서로 『뉴사피엔스 챗GPT』(2023), 『시그널 코리아 2024』(2023) 등이 있다. 반도체 분야 세계 최고 권위 학회(IEDM)에 두 편의 논문을 제1저자로 발표했으며, 최근에는 "공학교육에서 ChatGPT 활용의 실태"에 대한 논문을 발표했다. 변리사로서 창의성, 혁신 정책 그리고 기업가 정신에 관심을 가지고 있다.